KB055184

12

Abnormal Psychology

해리장애

도상금 지음

_ '나'를 잃어버린 사람들

학지사

3

'이상심리학 시리즈'를 내며

21세기를 살아가는 우리는 급격한 변화와 치열한 경쟁으로 이루어진 현대사회에 적응해야 하는 커다란 심리적 부담을 안고 있다. 이러한 현실 속에서 현대인은 여러 가지 심리적 문제와 장애에 직면하게 될 가능성이 높다.

정신건강에 대한 사회적 관심이 증대되면서, 이상심리나 정신장애에 대해서 좀 더 정확하고 체계적인 지식을 접하고자 하는 사람들이 늘어나고 있다. 그러나 막상 전문서적을 접하게 되면, 난해한 용어와 복잡한 체계로 인해 쉽게 이해하기 어려운 것이 현실이다.

이번에 기획한 '이상심리학 시리즈'는 그동안 소수의 전문가에 의해 독점되다시피 한 이상심리학에 대한 지식을 일반 독자들에게 소개하기 위한 것이다. 이를 위해서 다양한 정신장애에 대한 최신의 연구 내용을 가능한 한 쉽게 풀어서 소개하려고 노력하였다.

'이상심리학 시리즈'는 서울대학교 심리학과 임상 · 상담 심리학 교실의 구성원이 주축이 되어 지난 2년간 기울인 노력의 결실이다. 그동안 까다로운 편집 지침에 따라 집필에 전념해준 집필자 모두에게 감사드린다. 아울러 어려운 출판 여건에도 불구하고 출간을 지원해주신 학지사 김진환 사장님과 한 권 한 권마다 좋은 책이 될 수 있도록 성심성의껏 편집을 해주신 편집부 여러분에게 고마움을 표한다.

인간의 마음은 오묘하여 때로는 "아는 게 병"이 될 수 있다. 그러나 이러한 우려보다는 "아는 게 힘"이 되어 보다 성숙하고 자유로운 삶을 이루어나갈 수 있는 독자 여러분의 지혜로움을 믿으면서, '이상심리학 시리즈'를 세상에 내놓는다.

서울대학교 심리학과 교수

원호택, 권석만

2판 머리말

어느 날 갑자기 딴사람이 된 자기를 상상이나 할 수 있을까? 우리는 때로 자신의 성격이 여럿이 아닌지 의심해보기도 한다. 그러나 『지킬 박사와 하이드 씨』는 단지 우리 마음의 극단적인 측면을 그린 소설일 뿐이라고 생각할 것이다. 그만큼 우리에게 낯설고 상상에서만 가능할 것 같은 이러한 장애가 실재하며, 이를 해리장애라 한다. 인간이 얼마나 불가사의한 존재인지, 우리가 자신을 있는 그대로 가눌 수 없을 때 어떻게 되는지 우리는 해리장애를 통해 알 수 있다.

고속도로를 장시간 지루하게 운전할 때 겪는 나른하게 현실에서 멀어지는 느낌은 일종의 해리 현상이다. 그 밖에 충격적인 일에서 자기를 보호하기 위해, 또는 직면하고 싶지 않은 어떤 것을 보지 않으려 할 때도 자신에게서 멀어지게 된다. 이러한 현상으로 우리는 자신을 잠시 보호할 수 있다. 그러나 해리장애처럼 심한 병리가 되면 안정된 삶이 파괴되고 한 사람의 삶의 모습이 완전히 달라진다.

해리장애란 어떤 장애이고, 그 원인은 무엇이며, 어떻게 이런 문제를 치료할 수 있을까? 이 책에서는 해리장애에 대한 여러 저서와 연구를 바탕으로 이러한 내용을 소개하려 한다.

최근 외국에서는 해리장애가 상당히 존재하는 것으로 보고되고 있지만, 지금까지 해리장애는 드문 장애로 알려져 왔다. 따라서 그동안 해리장애에 대한 연구가 활발하지 않았기에, 이 책에서도 독자들이 바라고 궁금해하는 만큼 충분하게 다루지는 못했을 수 있다. 또 저자의 임상 경험과 학식이 부족하여 이 장애를 충분히 소화해서 쉽게 설명하기 어려웠다. 만일 잘못된 부분이 발견되거나 좋은 자료가 있으면 알려주시는 성의를 바란다.

그동안 임상심리학을 공부할 수 있게 해주신 여러 선생님, 자기 내면의 귀한 삶을 함께하도록 허락해준 내담자들, 만남의 기쁨을 알게 해준 소중한 분들께 감사드리며 부끄럽지만 작은 성과를 같이 나누고 싶다.

2016년
도상금

차례

1 해리장애란 무엇인가 ─ 11

해리장애란
무엇인가

1. 카인과 아벨이 한 사람으로

스스로를 되돌아보며 내 속에 여러 인격이 혼재되어 있다는 것을 깨닫고 깜짝 놀란 적이 한두 번이 아니었다. 나는 여러 명의 인간으로 구성되어 있고, 겉으로 드러난 인간은 또 다른 인간에게 시시각각 자리를 내준다. 그러나 어떤 인간이 진짜 나일까? 그 모든 인간일까? 아니면 아무것도 아닐까?

『인간의 굴레』에서 작가 서머셋 모옴Somerset Maugham은 자신의 굴레를 찾을 수 없음을 이렇게 한탄했다. 친구가 옛날에 같이 지냈던 이야기를 하는데 자신은 그것이 전혀 기억나지 않았던 경험은 누구에게나 있을 것이다. 내가 할 것 같지 않은 행동이나 말을 했다고 친구들이 이야기한 적이 있는가? 아침에 일어나보니 평소에는 마시지 않던 커피가 담긴 잔이 책상

위에 있거나 내가 싫어하는 음악을 들은 흔적이 있다면? 아마 혼자 "내가 제정신이 아닌가 봐" 하고는 말 것이다.

그러나 좀 더 심한 경우도 있다. 해리 현상이 나타난 가장 유명한 문학작품은 로버트 루이스 스티븐슨Robert Louis Stevenson 의 『지킬 박사와 하이드 씨』(1886)일 것이다. 이 작품을 쓴 작가 스티븐슨은 이야기 속의 인격들이, 각자 독립적인 삶을 살아가며 누구의 도움도 받지 않고 스스로 돌아다니고 말하는 존재라고 묘사했다.

이 이야기는 작가 스티븐슨의 악몽에서 비롯되었다. 그는 밤에 꿈을 꾸는 동안 끔찍한 제2의 인생을 현실처럼 생생하게 경험했다. 꿈속에서 처음으로 지킬 박사가 하이드로 변신했을 때 스티븐슨은 너무 심하게 소리를 질러서 옆에서 자던 부인이 깰 정도였고, 잠에서 깬 그는 끔찍한 악몽을 꿨다고 이야기했다고 한다. 그는 열에 들떠서 꿈꾼 지 사흘 만에 이 이야기를 썼다. 그리고 부인에게 큰 소리로 읽어주었는데, 부인은 불쑥 이야기의 초점이 없다고 말했다. 이 때문에 스티븐슨은 4만여 단어가 쓰인 원고를 불에 던져버리고 처음부터 다시 새로운 분위기의 이야기를 썼다.

처음 이야기는 매우 직설적인 공포소설로서 약물로 인해 새로운 악마와 제2의 자신이 나타나는 이야기였다. 그러나 신판에서는 좀 더 세련된 지킬 박사가 다음과 같이 말한다.

"인간은 원래 하나가 아니라 둘이다…. 나는 감히 말하겠
다. 인간은 결국 잡다하고 부조리하고 제멋대로인 인격들의
집합체에 불과한 것이다."

다시 말해서 개정판 이야기에 나오는 약물의 역할은 이미
인간의 안에 있던 분신에 빛을 비추는 것이다. 하이드의 소름
끼치는 행동 성향은 이미 지킬의 내면에 잠재되어 있었다. 약
물이 제2의 성격을 만들어냈다기보다는, 약물이 성격의 갈라
진 틈을 메우는 통합적 기제를 약화시켰다고 보는 것이 타당
하다.

우리는 『지킬 박사와 하이드 씨』에 대해 잘 알고 있지만, 단
지 우리 마음의 극단적인 측면을 그린 소설일 뿐이라고 생각
할 것이다. 어떤 사람은 여러 모습을 가진 것이 흥미롭게 생각
될지도 모른다. 그러나 실제 이런 일이 자신에게 일어난다면?
어느 날 자기가 딴 사람이 되어 있다는 것을 상상이나 할 수
있을까? 이 이상한 장애를 일컬어 해리장애dissociative disorder라
고 한다. 과연 인간에게 고유의 성격이 있는 것일까? 어떻게
전혀 다른 사람이 될 수 있을까?

2013년 미국정신의학회에서 발간한 『정신장애의 진단 및
통계 편람 제5판Diagnostic and Statistical Manual of Mental Disorders(5th
ed.): DSM-5』에서는 해리장애를 "의식, 기억, 정체성, 감정, 지

각, 신체 표상, 운동 통제 및 행동의 정상적 통합의 붕괴 또는 비연속성"을 특징으로 한다고 정의했다.

해리장애로 유명한 사례 중 하나는 『세 명의 이브』라는, 세계에 널리 알려진 크리스틴 비아참이라는 여성의 이야기다. 1898년 미국에 사는 크리스틴 비아참이라는 아주 내성적이고 얌전한 아가씨에게 난데없이 명랑하고 쾌활한 성격이 나타나기 시작했다. 이 새로운 인격은 크리스틴과 같은 육체를 공유하고 있으나, 크리스틴과는 전혀 다른 인격이었으며, 이름은 샐리라고 하였다. 크리스틴이라는 인격은 샐리에 관해서 전혀 모르고 있는 것으로 보아 이 두 인격의 성질은 분명히 샐리가 주장한 대로 완전히 별개의 인간이었다. 샐리가 육체를 지배하고 있는 동안에 이 육체는 샐리의 성격대로 행동했고, 샐리 대신 크리스틴이 눈을 뜨면 크리스틴은 샐리가 취했던 일은 하나도 기억하지 못했다.

이 일은 크리스틴의 주치의였던 프린스Prince 박사가 "한 사람이면서도 두 사람인 여성"에 관하여 몇 가지의 실례를 들어 소개함으로써 학계에 큰 파문을 던졌고, 동시에 이 여성의 사건은 전 세계의 화제를 독차지하게 되었다. 그런데 이 "한 사람이면서 두 사람인 여성"은 얼마 안 가서 "한 사람이면서 세 사람인 여성"이 되어 세상을 더욱 놀라게 했다. 그것은 샐리 말고도 이름을 대지 않는 또 하나의 전혀 다른 성격의 여성이 등장했기 때문이다. 이렇게 되고 보니 이 여성까지 합하면 한 육체를 세 사람이 공유한 셈이 된다. 세 번째 여성은 이름을 밝히지 않아 이브라는 이름으로 가정하고 이 세 여성의 행적의 일부를 소개한다.

크리스틴은 일자리를 구하려고 뉴욕으로 가는 기차를 탔다. 그러나 열차 안에서 크리스틴은 샐리로 변해버렸다. 샐리는 뉴욕으로 갈 생각이 없었기 때문에 도중에 기차에서 내려 그 고장의 식당에 취직했다. 샐리는 이 식당에서 한동안 일하고 있었는데, 어느 날 느닷없이 샐리가 아닌 이브로 변했다. 이브는 식당을 그만두고 봉급을 챙겨 보스턴으로 갔다. 그런데 이번에는 다시 샐리로 돌변하여 보스턴에서 아파트를 얻어 세를 들었다. 이 아파트에 살고 있는 동안에 본래의 크리스틴이 눈을 떴다. 크리스틴은 자기도 모르는 사이에 보스턴에, 게다가 자기가 알지도 못하는 방에 와 있음을 알고는 깜짝 놀랐다.

이 이야기는 〈이브의 세 얼굴The Three Faces of Eve〉이라는 영화로 만들어져 더 유명해졌다. 영화에서는 세 얼굴을 각각 이브 화이트, 이브 블랙 그리고 제인이라고 이름 붙였다. 영화에서 이브 화이트는 온순하고 조용하며 진지한 성격을 가지고 있으며, 이브 블랙은 수선스럽고 유혹적이며 잘 웃는 거침없는 성격의 소유자다. 이브 블랙은 이브 화이트에 대해 어느 정도 알고 있지만, 이브 화이트는 이브 블랙이 있는지 전혀 모른다. 한편, 제인은 상당히 성숙한 성격의 여인이다.

또 다른 유명한 모델은 베스트셀러가 된 책 『사이빌Sybil: The true story of woman possessed by 16 separate personalities』이다. 『사이빌』은 1976년 TV 영화로 제작되었을 뿐 아니라 그 당시까지만 해도 희귀했던 다중인격 장애multiple personality disorder를 널리 알리는 데 결정적인 기여를 했다. 지난 1998년 사망한, 한 전문대학의 미술강사 경력을 가진 셜리 아델 메이슨이라는 미국 여성이 사이빌의 실제 모델이라고 밝혀진 바 있다. 메이슨은 어린 시절 심한 학대를 받아, 영국식 발음을 가진 여성들과 두 청년을 포함해 16개의 인격체를 가지게 되었다고 한다. 이 16가지 인격체를 한번 살펴보자.

- 사이빌: 책의 실제 모델로, 암시에 잘 걸린다.
- 빅토리아: 따뜻하고 교양이 있다. 기억력이 뛰어나다고 주장한다.
- 페기 루: 단정적이고 적극적이나 고집이 세고 화를 잘 낸다.
- 페기 앤: 페기 루보다 더 빈틈이 없고 두려움이 더 많다.
- 메리: 신앙심이 매우 깊고 모성애가 강한 가정적인 인물

이다.

- **마샤**: 정열적인 화가이자 작가로, 영국식 말투를 사용한다.
- **바네사**: 매력적이고 활동적이다. 종교를 경멸한다.
- **마이크**: 남성으로, 여자를 좋아하고 자부심이 강하고 까무잡잡한 피부의 목수이다.
- **시드**: 남성. 역시 목수이며 피부가 희고 덜 노골적이다.
- **낸시**: 세상의 종말과 음모에 사로잡힌 편집증 내담자다.
- **사이빌 앤**: 창백하고 소심하며 무기력하다. 좌절한 사이빌이다.
- **루티**: 정신적인 발달이 늦은 어린아이다.
- **클라라**: 매우 종교적이며, 자아인 사이빌을 원망한다.
- **헬렌**: 소심하지만 훌륭한 사람이 되려고 노력한다.
- **마조리**: 잘 웃고 침착하다. 파티와 여행을 즐긴다.
- **금발의 소녀**: 이름이 없는 10대로, 장난을 좋아하는 만사태평형이다.

해리dissociation란 자기 자신, 시간, 주위 환경에 대한 의식이 단절된 현상이다. 해리 현상은 일상생활에서 누구나 겪을 수 있는 정상적인 경험에서부터 일상생활의 기능을 어렵게 하는 병리적인 장애까지 광범위한 연속선을 이룬다. 누구나 흔히 겪을 수 있는 해리 현상으로는 고속도로를 계속 달릴 때 한동 안 의식적인 자각이 없어지는 일종의 최면 상태에 빠지게 되 는 것과, 책이나 영화에 몰두하여 주변을 완전히 잊는 것을 들 수 있다.

해리장애dissociative disorders는 의식, 정체감 및 행동의 정상적 인 통합에 갑작스럽고 일시적인 이상이 생긴 상태로서 기능의 일부가 상실되거나 변화된 것이다. 과거에는 히스테리 신경 증 해리형hysterical neurosis, dissociative type이라고 불렀다. 이때 고 유한 성격과 변화된 성격 사이에는 기억상실이 있는 것이 특징 적이다. 이와 달리 기억상실은 없으면서 정체감의 변화와 현실 에 대한 느낌의 변화가 있는 것을 이인성 장애depersonalization disorder라고 한다.

흔히 어떤 사람이 어느 순간 갑자기 다른 사람으로 변한다 면 우리는 '미쳤다'고 생각하고 정신분열증schizophrenia으로 여 길 수도 있다. 영화나 대중소설에서 이런 착오가 일어나기도 한다. 그러나 정신분열증은 비현실감이 두드러지고 현실 생활 에 적응이 어려운 반면, 다중인격에서는 각 성격의 현실감이 유지되고 나름대로 잘 기능할 수 있다. 즉, 다중인격은 성격의 분열인 반면, 정신분열증은 인지와 감정의 분열이라고 할 수 있다.

해리가 왜 필요할까? 압도될 것 같은 외상trauma으로부터 보호하는 것이 해리의 근본적인 기능이다. 이것은 동물이 침입자와 마주쳤을 때 죽은 척 반응하는 것과 비슷한 것으로 볼 수 있다. 즉, 진화론적으로 살아남을 만한 가치가 있는 기능이라고 하겠다. 임상 장면에서 성추행당한 아동에게 그 상황을 물어볼 때 아동이 완전히 정신이 나간 것처럼 멍해지는 것을 관찰할 수 있다. 이는 아동이 외상에 직면했을 때 무서운 현실 상황으로부터 피하고 이런 무서운 재난 경험을 분리하여 갈등을 해결하려는 것이다. 이런 점에서 해리는 모든 정신병리의 경우와 마찬가지로 적응적이다.

사이빌은 어머니에게 성적·신체적 학대를 당했다고 알려졌다. 사이빌의 실제 모델인 메이슨이 살던 마을 주민들은 메이슨의 어머니가 이상한 사람이었다고 기억한다. 그녀는 한때 정신분열증으로 진단을 받았던 것으로 보인다.

외상을 입은 피해자 중 25~50%는 시간이 지나면 외상에 대해 어느 정도 초연해지게 된다. 반면, 외상의 일부분이나 전체를 망각하는 사람도 있다. 이러한 심리적 기제는 경험을 구획지어 더 이상 의식에 떠오르지 못하게 만드는 것인데, 이렇게 해서 마치 외상이 전혀 일어나지 않았던 것처럼 되는 것이다. ◆

2. 해리장애의 역사

1) 해리와 히스테리 연구

해리장애의 역사는 정신병리학의 역사와 그 궤를 같이한다. 19세기 말 유럽의 의학계는 원인을 찾을 수 없는 히스테리라는 병으로 들끓었다. 이 당시 히스테리 연구에서 해리라는 개념이 도입되었다. 자네Janet와 정신분석을 제창한 것으로 유명한 프로이트Freud가 히스테리 연구의 대표적 인물이다. 자네는 페트리에르 병원의 심리연구소에서 최면술로 유명한 샤르코Charcot에게 최면을 배우며 히스테리를 연구했다.

또한 프로이트는 선배 의사인 요제프 브로이어Joseph Breuer에게 흥미로운 한 여자 내담자의 이야기를 듣는데, 이것이 유명한 안나 O의 사례다.

안나는 21세의 예쁘고 지적이며 똑똑한 아가씨로, 비엔나의 상류가정 출신이었다. 그녀는 아버지가 늑막염으로 사경을 헤맬 때 헌신적으로 간병을 하다가 병을 얻었다. 그녀의 증상은 다른 히스테리와 마찬가지로 기질적인 원인을 찾을 수 없는 심인적인 것이었다. 그녀는 오른팔이 마비되었고, 갑자기 외국어로밖에는 말할 수 없는 증상이 생겼다. 또 물을 무서워하는 공수증으로 6주간이나 물을 마시지 못했다.

당시 히스테리 내담자들은 대개 어릴 때 성추행 같은 외상들을 보고했기 때문에 히스테리의 원인으로서 어린 시절 외상이 많이 연구되었다.

자네는 외상과 같이 소화하기 힘든 기억들이 남아있어 이것이 의식 상태를 변화시키는 핵으로 작용한다고 보았다. 한편, 프로이트는 받아들일 수 없는 감정들을 인식에서부터 무의식의 영역으로 내쫓는 것이라는 개념을 세웠다.

자네도 스티븐슨처럼 해리를 악몽과 같은 것으로 보았다. 자네는 해리를 다양한 정신물질이 의식으로부터 분리되어 나오는 것이라고 보았고, 스트레스에 처했을 때, 특히 선천적으로 해리장애에 걸리기 쉬운 소인을 가지고 있는 사람에게 해리장애가 나타나기 쉽다고 생각했다. 즉, 특정 종류의 정신적

결함이 있거나 생물학적으로 약한 정신력을 가지고 있기 때문에 해리될 소지가 있는 사람들이 있다는 입장이었다.

그 후 해리에 대한 관심은 급속히 사라지고 대신 억압이라는 심리기제에 관심이 쏠리게 되었다. 그러다 최근 다시 해리장애가 관심을 받게 되었다. 여러 장애의 병인에서 외상이 중요한 역할을 한다는 인식이 점차로 커져가는 것이 이런 변화와 같이하고 있어 보인다. 실제로 스트레스 장애에 대한 연구에서 해리장애에 관한 문헌이 늘고 있다.

2) 신해리 이론

해리에 대한 엄격한 심리학적 입장은 억압repression 개념으로부터 분화되기 어렵다. 해리와 억압을 다르지 않다고 보는 견해도 있다. 그러나 적어도 전통적인 견해에서는 억압은 해리와는 달리 정보가 무의식 상태 속으로 동기화된 것이라고 보았다.

힐가드Hilgard의 신해리 이론에서는 해리와 억압을 다음과 같이 구별하였다. 억압된 무의식은 본질적으로 비현실적이고 비논리적인 일차 과정primary process의 사고에 의해 통제된다. 그러나 해리에서 나타나는 체계적 사고는 '기억상실 장벽'에 의해 의식으로부터 단절되었지만 사고들 간의 현실적이고 논

〈억압과 해리가 이루어지는 방식〉

리적인 관계가 유지되고 있는 상태다.

억압과 해리는 모두 방어기제이며, 모두 마음의 내용들이 의식적인 인식에서 밀려나게 된다. 이때 억압은 억압장벽에 의해 수평분할이 생기고 내용들은 무의식으로 눌려 내려가게 된다. 해리에서는 수직분할이 생겨서 수평적인 의식 안에 있게 된다.

신해리 이론의 기억상실 장벽 개념에는 강한 의미와 약한 의미가 있다. 강한 의미는 최면에 걸려 행동하려면 무의식적 기억상실spontaneous amnesia이 필요하다는 것이다. 무의식적 기억상실 상태에서는 의식 상태에서 정상적으로 떠올랐던 정보들을 잃어버린다. 최면과 무의식적 기억상실은 관련되지만, 일반적으로 이러한 무의식적 기억상실은 매우 드물게 나타난다.

기억상실 장벽에 대한 약한 의미는, 의식에 떠오를 수도 있

을 만한 어떤 정보들이 일시적으로 맞물려지는 상태를 뜻한
다. 이러한 경우는 무의식적 기억상실이 아니라 주의를 집중
하지 못한 상태에 더 가깝다. 우리 정신은 거대한 정보처리 능
력을 가졌다. 반면, 의식은 매우 제한된 용량의 정보를 단일하
고 계열적으로 처리한다. 이것은 마치 TV로 방송되는 사건과
비슷하다. TV에서는 매우 많은 종류의 다양한 사건이 자동적
으로 일어나지만 한 번에 하나씩만 화면에 나타난다. 그리고
연속되는 사건들은 일관성 있는 이야기가 되도록 배합된다.
의식은 정신과정에 있는 매우 좁은 창문에 불과하므로 이것만
으로는 셀 수 없는 작은 구멍들을 설명하려고 하는 해리 경험
을 완벽하게 설명할 수 없다.

3) 해리장애의 진단체계

국제질병분류International Classification of Diseases; ICD-10에서는 해
리장애에 전환장애까지 포함시켜 해리(전환)장애라고 부른다.
여기에는 해리성 기억상실, 해리성 둔주, 해리성 혼미
dissociative stupor, 황홀경과 빙의장애trance and possession disorder, 해
리성 운동장애, 해리성 경련, 해리성 무감각 및 지각상실, 혼
합성 해리(전환)장애, 기타 해리(전환)장애[간서Ganser증후군, 다
중인격, 소아 청소년기 일시적 해리(전환)장애, 기타 특정 기능 해리

해리장애의 유형 (DSM-5; APA, 2013)

1. 해리성 정체감 장애(dissociative identity disorder): 각기 다른 정체감을 가진 둘 이상의 인격이 한 사람 안에 존재하는 경우다. 빙의(possession)로 경험되기도 한다.

2. 해리성 기억상실(dissociative amnesia): 외상적 사건 (traumatic event)과 같은 신변상 중요한 정보를 회상하지 못한다. 단순한 망각으로 설명하기에는 정도가 지나치다. 집이나 직장을 갑작스럽게 떠나서 과거를 기억할 수 없고 정체감이 혼란되는 해리성 둔주(dissociative fugue)와 함께 나타나기도 한다.

3. 이인증/비현실감 장애(depersonalization/derealization disorder): 이인증이나 비현실감을 지속적으로 또는 반복적으로 경험하는 경우다. 현실검증력은 손상되지 않는다.

4. 기타 특정 해리장애(other specified dissociative disorder): 해리 증상이 주로 나타나지만 해리장애의 진단 유목에 완전히 부합하지 않는 경우에 임상가가 그 이유를 제시하고자 하는 경우다(예: 스트레스 사건에 의한 급성 해리반응).

5. 다른 곳에 해당되지 않는 해리장애(unspecified dissociative disorder): 해리 증상이 주로 나타나지만, 해리장애의 진단 유목에 완전히 부합하지 않는 경우다.

(전환)장애], 불특정 해리(전환)장애가 포함된다.

DSM-5에서는 전환장애를 신체증상 및 관련 장애에 포함시키고 있다. 해리증상은 양성과 음성이 있다. 주관적인 경험

에서 정체감의 와해나 이인증, 비현실감 등은 양성 해리증상
이고, 기억상실은 음성 해리증상이다.

　해리장애는 그 심각성에서 정상적인 해리장애부터 다층으
로 파편화된 해리성 정체감 장애까지 스펙트럼을 이룬다.

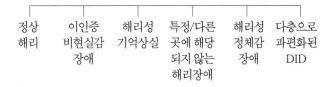

정상 해리	이인증 비현실감 장애	해리성 기억상실	특정/다른 곳에 해당 되지 않는 해리장애	해리성 정체감 장애	다층으로 파편화된 DID

　DSM-5에서는 해리장애가 외상 및 스트레스 관련 장애와
진단 분류상 밀접한 관계가 있다는 것을 반영한다. 물론 급성
스트레스 장애와 외상후 스트레스 장애가 해리장애와는 다른
진단명으로 존재하지만, 급성 스트레스 장애와 외상후 스트
레스 장애 모두 기억상실, 플래시백, 마비감, 이인증이나 비
현실감 등의 해리 증상을 겪는다.

　모든 해리장애는 외상에 근거하며, 외상 기억을 습관적으
로 해리한 결과 증상이 생긴다. 해리성 기억상실에서 외상에
대한 기억은 없지만, 우울과 마비를 경험할 수 있으며, 외상
경험을 회상시키는 환경적인 자극, 예를 들어 특정한 색깔이
나 향기, 소리, 이미지에 스트레스를 받는다. ◆

3. 해리성 정체감 장애

해리성 정체감 장애는 둘 또는 그 이상 별개의 인격 상태나 빙의 경험 그리고 반복적인 기억상실의 삽화를 특징으로 한다. 다음 해리성 정체감 장애의 사례는 DSM에 제시된 사례로, 전형적인 해리성 정체감 장애로 볼 수 있다. 해리성 정체감 장애는 이전에는 다중인격 장애로 알려져 왔다. 사례에서 외견상 여러 명확한 인격 상태를 지니며, 각각은 비교적 지속적으로 환경과 상호작용하는 독특한 방식을 보여준다. 종종 이 중 하나의 인격이 내담자의 행동을 통제한다. 대부분의 경우처럼, 내담자의 기억에 생기는 공백기가 이 장애를 나타내준다. 또 대부분 거의 유년기에 성적·신체적 학대를 받은 경험이 있다.

35세의 사회봉사자인 M은 오른팔의 반사교감성 영양실

조에 의한 만성적 통증 치료를 위해서 정신과의사를 찾았다. 그녀는 천식, 편두통, 당뇨증, 비만 등을 포함한 복잡한 병력을 가졌다. 그녀는 최면에 쉽게 걸리는 성향이 있었고, 자기최면으로 고통을 극복하는 방법을 배웠다. M은 일에 있어서는 유능했으나 다소 무미건조한 생활을 하고 있었다. 10년 전에 이혼하고 다시 결혼할 생각을 접었다. 그녀는 대부분의 여가를 병원에서 자원봉사하는 것으로 보냈다.

심리검사가 실시되는 동안, 그녀는 퇴근 후 분명히 차의 연료가 가득 찬 상태로 귀가했지만 다음날 아침이면 연료가 반쯤 비어있는 경험을 여러 번 했다고 보고했다. 그리고 그녀가 아무 기억이 없는 사이에 50에서 100마일을 주행한 기록이 남아있었다. 그녀는 어린 시절 기억에 관해서도 커다란 부분을 상기하지 못했다.

해리성 장애가 의심되었는데 통증 치료를 위한 몇 달간의 최면요법 이후에야 기억상실의 이유가 밝혀졌다. 최면상태에서 망각한 기간에 대해 질문을 받자, M은 전혀 다른 목소리로 "이제 나를 알아차릴 때도 됐는데"라고 대답했다. A라는 이름의 다른 인격이, 자신이 밤마다 드라이브를 하며 기분전환을 했다고 진술했다. M이 타인을 배려하는 정도만큼이나 A는 적대적이었다. "자기 이외의 사람을 걱정하는 건 시간낭비야."

치료 도중 6개의 다른 인격이 등장하였으며, 이들은 대략 의존성과 공격성의 선상으로 분류될 수 있었다. 여러 인격 간에는 상당한 긴장과 반목이 있었다. 의식 위로 나타나기 위한 경쟁이 자주 일어났으며, A는 다른 인격들을 두렵게 만드는 상황을 일으키고는 했다. 치료자는 처음에는 각 인격의 개별성을 다소 과소평가했으나, 한 인격이 자살위협을 하는 일이 발생했다. 치료자는 이 일을 다른 인격들과 상의하고자 했으나, 그녀는 그것이 내담자와 치료자의 비밀보장관계를 깨는 것이라고 주장했다.

해리된 인격들과 함께 어린 시절의 기억도 나타났는데, 그녀의 아버지 및 다른 사람들에게 성적 · 신체적 학대를 받았던 경험이 드러났다. 그리고 그와 같은 학대를 받은 형제자매를 지켜내지 못했다는 상당한 죄책감도 보였다. 그녀의 어머니는 학대는 덜했지만 의존성이 강해서 M에게 어릴 때부터 가사일을 시켰다.

4년간의 심리치료 후, M은 여러 인격 상태의 일부분을 점차 합쳐나갔다. 비슷한 인격들은 점차 합쳐졌지만, 여전히 부분적으로 해리 상태가 유지되었다.

해리성 정체감 장애는 압도적인 경험, 외상 사건 그리고 아동기 학대와 관련이 있다. 외국의 한 보고에 따르면 이들 내담

해리성 정체감 장애의 진단기준 (DSM-5, APA, 2013)

A. 둘 또는 그 이상의 각기 구별되는 인격 상태가 존재한다. 어떤 문화에서는 빙의(possession) 경험으로 기술되기도 한다. 정체감의 각 분열 상태에서 자기와 행위자의 느낌에 현저한 불연속성이 있으며, 이와 다른 정동, 행동, 의식, 기억, 지각, 인지, 감각행동 기능에서 변동이 있다. 이런 증상은 다른 사람에 의해 관찰되기도 하고 본인이 보고하기도 한다.

B. 일상적인 사건, 중요한 개인적 정보, 외상적 사건에 대한 회상에서 반복적인 틈이 있고, 이는 일반적인 망각과는 다르다.

C. 증상이 임상적으로 의미 있는 괴로움을 유발하거나 사회적, 직업적 혹은 중요한 기능 영역에서 손상을 야기한다.

D. 이 장해는 일반적으로 광범위하게 보아 문화적 · 종교적으로 받아들여질 수 있는 부분이 아니다.

　* 주: 소아기에서 이 증상은 상상적인 놀이친구 또는 기타 환상적인 놀이에서 연유하는 것이 아니다.

E. 이 장해는 물질(예: 알코올중독 상태에서의 일시적인 의식 상실 또는 혼란스러운 행동)이나 기타 의학적 상태(예: 복합성 부분 간질)의 생리적 효과로 인한 것이 아니다.

자의 90%가 어린 시절에 근친상간이나 심각한 신체적 · 정신적 폭행을 당한 경험이 있다고 한다. 해리성 정체감 장애가 모든 연령에 처음 나타날 수 있지만, 대개 아동에서는 정체감 변화로는 나타나지 않는다. 아동에서의 해리는 기억, 집중, 애착, 외상성 놀이에 문제를 야기한다. 어린 시절에 폭행을 당하는 일이 생각보다 흔하고, 그 경험이 지속적인 상처와 후유증을 남긴다는 사실이 최근 들어 널리 알려지면서부터 해리성 정체감 장애 또는 다중인격장애라는 진단이 자주 쓰여왔다. 정체감의 변화는 어떤 것을 계기로 촉발될 수도 있다. 예를 들어, 자신의 아이가 이전에 자신이 학대나 외상을 겪은 나이와 같은 나이가 됐을 때, 가벼운 자동차 사고와 같이 외견상 심하지 않은 외상 사건을 겪었을 때, 또는 자신을 학대한 사람의 죽음으로 촉발될 수 있다.

해리성 정체감 장애는 다양한 정체감, 기억 그리고 의식의 측면을 통합하는 데 실패가 있음을 드러낸다. 각각의 인격 상태는 별도의 이름, 각기 구별되는 개인의 과거력, 자아상 그리고 정체감을 갖고 있는 것처럼 경험된다. 대개 원래 이름을 그대로 유지하는 일차성 정체감은 수동적·의존적이고 죄책감을 느끼며 우울하다.

반면에 교체되는 정체감들은 다른 이름을 가지고 있고, 일차성 정체감과는 대조적인 성격을 갖고 있다. 이들은 특정한 환경에 속해있는 특정 인물들로 나타나며 나이, 어휘, 일반적인 상식 또는 주된 정서에서 서로 차이가 있다. 교체되는 정체감들은 번갈아 지배권을 갖게 되는데, 한 정체감이 다른 정체

영화 속의 해리성 정체감 장애: 〈프라이멀 피어〉

다중인격이라는 말로 더 친숙한 해리성 정체감 장애에 대한 영화는 히치콕의 고전 〈싸이코Psycho〉에서부터 시작해서 무수히 많다. 그중 〈프라이멀 피어Primal Fear〉를 소개해본다.

이야기는 시카고의 존경받는 대주교 러쉬먼의 피살로 시작된다. 대주교는 B-32-155라는 글자가 몸에 새겨진 채 발견되고, 현장에서 도망치다 붙잡힌 19세의 용의자 애런 스템플러의 모습을 TV로 본 변호사 마틴 베일은 교도소로 찾아가 무보수로 변호할 것을 제의한다. 무엇보다 사건 자체가 유명세를 타기에 쉬웠고 애런의 무혐의를 확신했을 수도 있다.

검사로는 마틴 베일의 검사 시절 동료였던 여검사 베이블이 사건을 맡게 되고, 재판은 팽팽하게 진행된다. 검사는 피살자의 피가 묻은 용의자의 옷과 운동화를 확실한 증거로 제시하며 피고의 유죄를 주장한다. 하지만 피고는 현장에 또 다른 제3자가 있었다고 주장하고, 초반에는 변호사 측에서 별다른 증거를 확보하지 못하고 애를 먹는다.

그러나 죽은 대주교가 피고 애런과 그의 옛 친구 린다 그리고 남자친구 알렉스 등 3명에게 변태적 성행위를 강요해 찍은 포르노 비디오테이프를 발견하게 됨으로써 이야기는 또 다른 국면으로 넘어간다. 대주교의 진상이 드러나고 애런이 배심원의 동정을 사기 시작한 것이다. 여기에 어렸을 때부터 온갖 학대를 받아 다중인격을 가지고 있다는 사실이 재판정 한가운데서 드러남으로써 애런의 무죄가 증명되고, 애런은 마틴에게 고마움을 표시한다. 하지만 이때 마지막 애런의 한마디가 애런이 다중인격자가 아니라 다중인격자를 연기했던 것임을 드러내고

> 만다. 그가 딴사람이 되어 검사를 공격했던 일을 기억하고 있
> 었던 것이다. 그러나 이미 모든 일은 애런의 의도대로 되었다.
> 마틴은 애런의 조롱을 뒤로 하고 씁쓸하게 돌아선다.

감을 희생시키거나 다른 정체감의 지식을 부정할 수 있으며,
서로 비판적일 수 있고 공공연한 갈등을 나타낼 수도 있다. 하
나 이상의 힘센 정체감이 다른 정체감에 대한 시간을 할당하
기도 한다. 공격적이거나 적대적인 정체감이 다른 정체감의
활동을 방해하거나 다른 정체감을 불편한 입장에 몰아넣기도
한다.

일차적인 자아 상태를 구별하는 것은 쉬운 일이 아니다. 일
차적 인격을 다른 자아들과 구별하는 '정상성' 또는 '병리'의
뚜렷한 형태가 없기 때문이다. 대부분의 경우 가장 자주 나타
나거나 가장 오래 지속되는 자아 상태를 일차적이라고 보는
것이 편리하다.

테일러와 마틴Taylor & Martin은 다중인격의 76개 사례 고찰에
기초하여 여러 자아 상태를 구별하는 특징을 다음과 같은 기
준으로 살펴볼 수 있다고 하였다.

- 전체 인격 성질
- 행동의 적절성

- 성정체감
- 나이, 잘 쓰는 손 또는 언어 차이
- 하나 이상의 감각양식에서의 무감각증 또는 하나 이상의 사지에서의 마비

서로 다른 인격들은 서로에 대해 알고 있을 수도 있고, A는 B를 알지만 B는 A를 모를 수도 있다. 또는 서로 전혀 모를 수도 있다. 한 자아 상태가 의식의 통제 안에 있을 때는 다른 자아 상태에 대한 기억이 없는 것이 보통이다. 그러나 한 인격이 다른 인격이 필요로 하는 정보나 자원을 가지고 있을 때는 자아 상태들 사이에 어느 정도의 협력이 가능하다.

해리성 정체감 장애는 기억과 정체감 모두에서 변화가 있기 때문에 둔주보다 기억과 정체감의 파괴가 더 심해진다. 해리성 정체감 장애가 있는 경우 과거력에서 과거 기억과 최근 기억에 있어서 모두 빈번한 기억 공백을 경험한다. 기억상실의 정도는 흔히 인격마다 달라서 적대적이고 지배적인 '보호자' 격인 정체감들은 더욱 완벽한 기억을 가지고 있는 반면에, 수동적인 정체감들은 상대적으로 제한된 기억을 가지고 있다.

통제력을 갖지 않은 정체감은 지시하는 음성과 같은 환청이나 환시를 일으킴으로써 의식에 접근할 수 있다. 기억상실에 대한 증거는 행동을 목격했던 타인의 보고나 개인 자신의

발견에 의해 드러난다. 예를 들어, 옷을 산 일을 기억하지 못하는 사람이 집에서 새 옷을 발견하기도 한다. 기억상실은 일정 기간 부분적일 수도 있고, 소아기까지 확대되어 전체적일 수도 있다. 정체감의 변화는 보통 심리사회적 스트레스에 의해 자극된다. 하나의 정체감에서 다른 정체감으로 바뀌는 데 소요되는 시간은 대개 몇 초 범위이지만, 드물게는 서서히 진행되기도 한다. 정체감의 수는 2가지에서 100가지 이상 보고되고 있다. 보고된 사례들 가운데 약 절반가량에서 10가지 또는 그 이하의 정체감을 경험한 것으로 나타났다.

해리성 정체감 장애의 유효성에 대해서는 논란이 있다. 하지만 전문 치료자들은 이 장애가 알려진 것보다 훨씬 더 일반적이라고 주장한다. 이 장애는 증상이 전환되는 특성을 가지기 때문에, 이 진단을 내리는 것은 보통 다른 여러 진단이 쌓인 몇 년 후가 된다. 반면에 비판자들은, 대부분의 경우가 치료자가 증상에 대해 추측하기 때문이거나 내담자가 〈이브의 세 얼굴〉 등 이 장애와 관련된 유명한 사례들을 모방하기 때문이라고 본다.

새로 주목받고 있는 이 장애로 잘못 진단받는 내담자도 물론 있을 것이다. 하지만 내담자가 전혀 다른 말투와 몸짓의 인격으로 바뀌는 것을 목격하면 이 진단의 타당성은 입증될 것이라고 주장하는 사람도 있다.

영화 〈양들의 침묵The Silence of The Lambs〉에서처럼 끔찍한 범죄나 공포를 소재로 한 미국 할리우드 영화의 주인공으로 자주 등장하게 된 해리성 정체감 장애자들의 모습은 이제 우리에게도 낯설지 않다. 영화 속에서 해리성 정체감 장애자들은 자주 범죄와 악행을 일삼는 것처럼 과장되고 왜곡된 모습으로 그려진다. 이처럼 영화 속에서 해리성 정체감 장애자들을 자주 그리는 것은 이들의 복잡하고 기이한 언행과 갖가지 범죄가 사람들의 관심을 끌기에 충분하기 때문일 것이다. 최근 우리나라에서도 해리성 정체감 장애자가 드라마에 등장해 인기를 끌기도 했다.

귀신들림, 신내림, 무병으로 일컬어지는 빙의possession란 어떤 알 수 없는 영적靈的인 힘이 내담자에게 침투하여 삶의 전반이나 특정 증상에 영향을 주는 상태를 말한다. 이런 내담자들은 흔히 "내 안에 다른 누군가가 있는 것 같다" "내가 나를 조종할 수 없다" "누군가가 내 머릿속에서 이야기한다"는 등의 증상을 호소한다. 때로는 환각과 악몽에 시달리고, 강박적 망상이나 우울 증상도 자주 나타나며, 상식으로는 이해하기 힘든 초현상이나 초능력을 보이기도 한다. 무당이 신들린 상태도 일시적인 빙의라고 할 수 있다.

정신과 의사들은 그동안 빙의 현상을 정신분열증이나 다중인격장애로 진단하였다. 그러나 최근 DSM-5에서는 빙의를 해리성 정체감 장애에 포함시키고 있다. 국제보건기구WHO에서 정한 국제질병분류ICD에는 '빙의'라는 진단명이 있다.

또 진단분류체계에는 포함되어 있지 않지만 문화 특유 증후군 중에 한국의 민속적 증후군으로 신병sinbyeong이 있다. 신병은 초기에 불안해지고 전신 허약감, 어지러움, 공포, 식욕부진, 불면, 소화기계 문제 등 신체적인 문제가 생기며 주로 이유 없이 시름시름 앓는다고 표현된다. 뒤따라 해리 현상이 생기고 조상 영혼에 사로잡히는 경우가 대부분이다.

빙의의 필수 증상은 원치 않는 불수의적인 최면 상태다. 이는 정상적인 문화적·종교적 의식 때문이 아니며, 심각한 고통이나 기능장애를 일으킨다. 여러 문화권에서 드물지 않게 볼 수 있듯이 문화적 종교적 의식에 따라 자발적으로 고통 없이 최면 상태나 빙의 상태로 들어가는 경우는 여기에 해당되지 않는다.

최면 상태에서는 현재의 정체감을 상실한다고 해도 꼭 새로운 정체감이 나타나는 것은 아니며, 이때 나타나는 행동은 넘어지거나 경련을 일으키는 등 복잡하지 않다. 이에 비해 빙의 상태에서는 하나 이상의 새로운 정체감이 나타난다. 즉, 다른 인격체가 되는 것 같이 독특한 행동을 하거나, 특정한 기억 또는 태도를 보인다. 예를 들어, 조상 신이 들어온다면 그 사람의 것으로 여겨지는 논리정연한 대화, 특징적인 몸짓, 표정,

특정한 언어를 보인다. 최면 상태 이후에도 망각이 일어나지만, 빙의 상태 후에 망각이 더 잘 나타난다.

세계 도처의 전통사회에서는 축제나 의식 또는 치료 행위로서 이러한 최면 또는 빙의 상태가 있었다. 산업화가 진행됨에 따라 감소되는 추세이지만, 여전히 높은 유병률을 보이는 전통적인 소수 인종도 있다. 최면자에게 들어오는 것으로 추정되는 대상은 죽은 사람의 영혼이나 초자연적인 존재, 신, 악마 등 주로 영적인 내림 대상이다. 이들은 특정한 요구를 하거나 원한을 표현하는 양상으로 경험된다. 병적인 빙의 최면을 겪는 사람들은 여러 내림 대상을 경험하기도 한다. 합병증으로 인해 자살을 기도하거나 자해를 하고 안전사고를 일으키기도 하는데, 해리성 정체감 장애의 외래내담자 중 70% 이상이 자살을 시도한다. 또 부정맥으로 인한 급사가 보고되기도 한다.

영적인 존재를 듣거나 보는 것, 다른 사람들로부터 조종되거나 영향을 받는 것과 같은 최면 상태의 증상은 정신분열증, 정신증적 양상이 있는 정동장애, 단기정신장애 등에서의 환청, 망상과 혼동될 수 있다. 그러나 최면 상태는 문화와의 조화성, 짧은 기간, 다른 장애들의 특징적인 증상이 없다는 점에서 이것들과 구별될 수 있다. ◆

4. 해리성 기억상실

해리성 기억상실은 이전에는 심인성 기억상실psychogenic amnesia이라고 불리던 장애로, ICD-10과 DSM-IV에서 심인성이 해리성으로 바뀌었다. 이는 기억에 저장되어 있지만 개인에게 중요한 자서전적 정보를 갑자기 회상하지 못하게 되는 장애다. 그러나 이것은 일반적인 망각이나 단순한 건망증으로는 설명할 수 없는 상태이며, 뇌기능 장애로 인한 것도 아니다. 일반적으로 기억상실이 있는 사람들은 자신이 기억하지 못하는 시간이 있다거나 기억 사이에 공백이 있다는 사실을 즉시 알아차리지만, 해리장애가 있는 사람들은 대부분 처음에는 자신의 기억상실을 알아차리지 못한다. 자신이 정체성을 잃어버렸을 때나 주변 상황에 의해 자전적 정보가 사라졌다는 것을 인식할 때에야 기억상실을 알게 된다. 대부분 자신이 기억할 수 없는 사건에 대한 증거를 발견하거나, 기억하지

못하는 사건에 대해 다른 사람들이 이야기하거나 물었을 때
기억상실을 인식하게 된다.

해리성 기억상실에서는 특정한 사건과 관련되어, 심리적
자극을 준 부분을 선택적으로 혹은 사건 전체를 기억하지 못
하는 경우가 있다. 때로는 과거 생활을 포함한 전 생애나 그중
일정 기간에 대한 기억상실을 보이기도 한다. 그러나 새로운
정보를 학습하는 능력은 남아있다.

한 18세 남성이 경찰에 의해서 응급실로 실려왔다가 의
사의 지시에 따라 심리상담을 받게 되었다. 내담자는 장시
간 햇빛에 노출되어 있던 것으로 보였으며, 체력 소모가 심
한 상태였다. 그는 현재 날짜를 실제는 10월 1일인데 9월
27일이라고 말했다. 특정한 질문에 집중시키는 일이 쉽지
않았지만, 독려하여 여러 사실을 알아낼 수 있었다. 그는
9월 25일경에 친구들과 해변에서 항해를 떠났다가 악천후
를 만났다고 했으나, 그 이후에 일어난 사건들이나 친구들
이 어떻게 되었는지에 대한 기억을 회상해내지 못했다. 여
러 번 그는 자신이 병원에 있다는 사실을 망각하여 다시 상
기시켜주어야 했다.

탈수증이나 두뇌 손상의 흔적은 없었으며, 전해질 및 뇌
신경검사도 특기할 만한 사항이 없었다. 내담자의 체력 상

태를 고려하여 6시간의 수면이 허용되었고, 다시 일어난 후에는 집중력이 한결 나아졌다. 그러나 여전히 그는 자신이 병원에 온 이유를 포함하여 9월 25일 이후의 일들을 기억하지 못했다. 그럼에도 그는 이전 인터뷰의 내용, 잠이 들었던 사실 그리고 현재 자신이 병원에 있다는 사실을 모두 기억했다. 그는 대학생으로, 학점 평점 B를 유지했고, 몇몇 가까운 친구가 있으며, 가족과도 잘 지낸다는 사실을 기억했다. 과거 정신병력은 없으며 마약 및 알코올 남용 전력도 없었다.

내담자가 외견상 정상적인 신체조건을 지녔으므로 진정제를 투여한 후 인터뷰를 했는데, 그 결과 사고 당시 내담자 및 친구 중 아무도 닥친 악천후에 대처할 경험이나 능력이 없었다. 내담자는 구명조끼와 노끈으로 자신의 몸을 배에 미리 묶어두었지만, 그의 친구들은 바다로 휩쓸려가고 말았다. 그는 단지 운이 좋아서 생명을 부지했다고 느꼈다. 그 후 배에 저장된 소량의 비상식량으로 3일을 연명하였지만, 친구들은 발견하지 못했다. 10월 1일, 해상경비대가 그를 구조했고, 그는 병원으로 옮겨졌다.

이 사례는 DSM 사례집에 제시된 해리성 기억상실의 사례다. 특정 기억을 상실하는 경우 진단 시 처음으로 고려하는 것은 정신분열, 치매 혹은 기억상실 장애 등이 있는가다. 기억상실 장애는 주로 외상, 사고에 의한 두뇌 손상, 약물 남용 등에 의하여 일어난다. 하지만 이 내담자의 경우 생리신경검사에서 정상적인 결과가 나왔고, 마약 전력이 없다. 또한 약물투여 후 실시한 인터뷰의 결과, 기억상실 기간이 절대절명의 위험 상황과 바로 이어지는 것을 알 수 있다. 해리성 정체감 장애 도중에 일어난 것이 아니면서 정신분열, 치매 혹은 기억상실 장애에 의하여 일어난 것이 아닌 기억상실증은 해리성 기억상실에 해당된다. 이 경우 스트레스 상황에 이어지는 기억상실과 해당 기간의 혼란 등이 매우 특징적이다.

해리성 기억상실은 여러 형태의 기억장애가 특징적인 증상이며 지남력 장애, 혼동 및 방황 등이 동반된다. 갑작스럽게 엄습한 증상은 대개 일시적으로 지속되었다가 역시 갑작스럽게 회복된다. 내담자는 기억상실을 알아차리고 그 현상에 놀라기도 하지만 별로 개의치 않기도 한다. 해리성 기억상실은 개인적 특정 사건과 관련된 기억장애이며, 가벼운 건망증과는 다르다.

해리성 기억상실은 주로 개인의 생활사 측면에 대한 회상의 단절을 보고하는 것으로 나타난다. 이러한 단절은 외상 또는 극한 스트레스 사건과 연관되어 있다. 어떤 사람은 자해, 폭발적인 폭력행동, 자살시도에 대한 기억상실을 보인다. 전쟁이나 천재지변 시 해리성 기억상실이 갑작스럽게 발병되기

해리성 기억상실의 진단기준(DSM-5; APA, 2013)

A. 개인사적으로 중요한 정보를 기억하지 못한다. 대개 스트레스가 되거나 외상적인 사건에 대한 기억이 상실되며, 이는 일반적인 망각과는 다르다.
B. 증상이 임상적으로 의미 있는 괴로움을 유발하거나 사회적, 직업적, 기타 중요한 기능 영역에서 손상을 야기한다.
C. 장애가 물질(예: 알코올이나 다른 약물 남용 또는 투약)의 생리적 효과에 의하거나, 신경학적 혹은 다른 의학적 상태(예: 두뇌외상에 의한 기억상실증)에 의한 것이 아니다.
D. 이러한 장애가 다른 심리장애, 예컨대 해리성 정체감 장애, 외상후 스트레스 장애, 급성 스트레스 장애, 신체 증상 장애, 신경인지 장애에 의해 더 잘 설명되지 않는다.
＊해리성 둔주가 함께 있으면 이를 명시한다.

도 한다.

몇 가지 유형의 기억장애가 해리성 기억상실에서 기술되어 왔다. 국소적 기억상실localized amnesia은 주로 심각하게 손상적인 사건에 뒤이은 첫 몇 시간 동안을 기억하지 못하는 것을 말한다. 즉, 한정된 시기에 발생하는 회상 실패다. 선택적 기억상실selective amnesia은 한정된 시기의 사건의 일부를 기억할 수 있는 경우다.

다음의 세 유형은 그다지 흔하지는 않지만 해리성 장애로 진단될 수 있는 것들이다. 전반적 기억상실generalized amnesia은 개인의 전 생애를 모두 기억하지 못하는 상태이며, 지속적 기억상실continuous amnesia은 현재를 포함해서 특정 시간부터 이후 사건에 대해 순차적으로 회상이 불가능한 상태다. 체계적 기억상실systematized amnesia은 특정한 정보 유목에 대한 기억을 상실한 것이다.

그 밖에 해리장애에서 나타날 수 있는 특징으로는 우울 증상, 이인화depersonalization, 황홀경trance state, 통각상실analgesia, 자발적인 자아억압spontaneous ego repression, 간저증후군Ganser's syndrome과 유사한 증상, 성기능 장애, 자해, 공격적 충동, 자살충동과 자살시도 등이 함께 일어나기도 한다.

해리성 황홀경은 의식이 변화된 상태로서 환경 자극에 대한 반응이 감소된 상태다. 개인적 정체성과 주위에 대한 지각 능력을 모두 일시적으로 상실하고 다른 인격, 영혼, 신 또는 어떤 특별한 힘의 존재에 사로잡힌 것처럼 행동한다. 주의력과 인지 능력은 인접한 환경의 오직 한두 측면에 국한되거나 집중되고, 반복되는 일련의 행동, 자세 및 발성을 보인다. 환각적 중독 상태 후에 나타날 수 있고, 자동적인 글쓰기automatic writing 또는 유사 방언 상태 및 신들림 등이 여기에 해당한다.

간저증후군은 1989년 독일의 지그베르트 간저Sigbert J. M. Ganser가 기술한 증후군이다. 의도적으로 정신과적 증상을 나타내는 것으로, 전에는 요점을 벗어난 대화 또는 어림 대답으로 언급되던 장애다. 다소의 의식혼탁 상태에서 질문의 의미를 알면서도 유사한 대답을 적당히 하고, 누군가가 자기를 보고 있다고 느낄 때 증상이 악화되기도 한다. 기억상실, 둔주, 전환장애, 지각장애와 관련지어 나타난다.

해리성 기억상실은 표면적으로 볼 때 이런 기억상실이 뇌손상 때문에 일어난 것이 아닌지를 의심할 수 있다. 그러나 해리성 기억상실은 뇌손상과는 독립적으로 발생한다. 즉, 머리에 손상이 있어도 해리성 기억상실이 발생하지 않을 수 있다. 뇌손상과 같은 신체적 장애 때문에 기억상실이 생긴 경우를 기질적organic 기억상실이라고 하며, 해리성 기억상실과 같이 신체적 원인이 없는데도 증상을 보이는 경우를 기능적functional 기억상실이라고 한다.

해리성 둔주dissociative fugue는 DSM-IV에서는 단일 유목으로 진단되었으나, DSM-5에서는 해리성 기억상실에 해당하며, 둔주가 있을 경우 이를 명시하도록 되어 있다. 해리성 둔주는 자신의 과거나 정체감에 대한 기억을 상실하여 가정과 직장을 떠나 방황하거나 예정 없는 여행을 하는 장애다. 다른 곳에서 새로운 신분이나 직업을 갖기도 한다. 그러나 이때 원래 자신에 대한 기억상실이 있다는 사실조차 모른다. 대개 주위의 이목을 끌지 않고 조용히 고립된 상태로 단순한 직업을 가지고

사는 경우가 많다. 발병 기간에 난잡한 범죄를 저지르기도 한
다. 자신이 누구인가를 알게 되어야 비로소 발병 시기를 기억
하는데, 회복 후에는 둔주 기간의 일은 기억하지 못한다. 회복
은 대부분 저절로 일어난다.

다음 해리성 둔주의 사례를 통해 그 특징을 살펴보자.

한 남성이 경찰에 의해서 응급실로 실려왔다. 그는 자신
이 일하던 식당에서 싸움에 휘말렸다. 경찰이 도착하여 인
적사항을 물었을 때 그는 자신이 B라고 밝혔지만, 신분증명
서가 없었다. B는 몇 주 전에 이 마을에 와서 식당에서 주방
장으로 일했는데, 이전에 자신이 일하던 곳과 살았던 곳은
기억해내지 못했다. 그에게 범죄 혐의가 있는 것은 아니었
지만, 경찰은 그를 검진받게 하려고 병원에 데려왔다. 응급
실에서 인터뷰한 결과, B는 마을 이름과 현재 날짜를 기억
했다. 그는 과거가 기억나지 않는 것이 다소 이상하다는 것
을 인정했으나, 그다지 아쉬워하지는 않았다. 알코올이나
약물 남용의 흔적은 없었으며, 두뇌 손상 및 기타 신체 손상
도 없었다.

경찰이 그의 신원을 조사한 결과, 200마일 떨어진 도시
에서 실종된 C라는 사람의 인적사항이 그와 일치한다는 것
을 발견했다. C의 부인이 그의 신원을 확인했다. 실종되기

18개월 전, 그는 대형 제조업 공장에서 중간관리자로 근무했으며, 직장에서 다소 문제를 겪고 있었다. 진급이 좌절되고, 상사로부터 비판을 받았으며, 동료들이 회사를 사직해서 목표량을 채우기가 어려운 상황이었다.

직장에서의 스트레스는 가정생활에도 영향을 미쳤다. 태평하고 사교적이었던 성격이 소심해지고 부인과 아이들을 비판하는 쪽으로 바뀌었다. 실종 직전에 그는 18세 아들과 격렬하게 다투었다. 아들은 그를 '실패자'라고 부르고는 집을 나가버렸다. 그리고 이틀 후 내담자가 실종되었다. 부인이 기다리는 방에 들어서자, 내담자는 그녀를 알아보지 못하겠다고 진술했으며, 명백하게 불안해하고 있었다.

이 내담자의 경우 경찰이 진단을 요청한 것은, 내담자가 이전에 일하고 거주한 곳을 기억하지 못했기 때문이었다. 이런 기억상실은 인지장애로 보일 수 있다. 그러나 인지장애는 보통 최근 기억에 대한 상실이고 의식 및 위치감각의 혼란이 나타나지만, 이 내담자의 경우에는 해당 사항이 없었다. 기억상실 이외에도, C는 B라는 새로운 정체성을 획득했다. 하지만 두 인격이 서로 교차하여 나타난다는 조짐이 없었기 때문에 해리성 정체감 장애에도 해당되지 않았다. 내담자의 기억상실에 대한 심리적 요인의 중요성은 그의 증상이 나타나기 직전의 상황들을 통해서 알 수 있다. 또

한 거주지로부터의 갑작스러운 이탈을 고려할 때, 그를 해
리성 둔주로 분류할 수 있다.

해리성 둔주는 기능적 역행성 기억상실functional retrograde
amnesia이라고도 불리며, 해리성 기억상실증에서 관찰되는 개
인사적 기억상실에 더하여 정체성의 상실도 부가된다. 때로
는 물리적으로 다른 곳으로 이동하는 것도 포함된다. 이 경우
에도 촉발사건은 주로 신체적·정신적 외상, 우울증 삽화, 법
적 문제, 기타 개인적 어려움 등이다.

둔주는 다음과 같이 3가지 유형으로 구분된다. 우선, 고전
적인 예에서는 개인의 역사에 대한 기억이 상실되며 정체성
변화와 다른 주거지로의 이동을 수반한다. 그다음 개인적 정
체성 상실과 함께 기억상실을 보인다. 즉, 자신이 누군지 기억
이 나지 않는 상태다. 마지막으로 개인의 인생 초기로의 전환
이 있을 수 있는데, 정체성의 변화는 나타나지 않는 경우다.
이 경우 마치 어린 시절의 자기 자신으로 돌아가는 것 같으며,
어린 시절과 현재 사이의 시간에 대한 기억은 상실된다. 둔주
와 기억상실을 구분하기는 어렵다. 비록 둔주가 단지 매우 일
반화된 기억상실이라고 말할 수도 있지만, 둔주에서 질병징
후적 정체성의 상실은 질적인 차이다.

둔주의 회복 과정은 그다지 잘 설명되어 있지 않다. 내담자

들은 상황을 자발적으로 자각하게 되는 경우도 있고, 경찰이나 고용자 등에 의해 질문받았을 때 자신의 배경에 대한 특정 질문에 적절히 답하지 못하면서 알게 되기도 한다. 어떤 내담자는 자신의 원래의 정체성을 갑자기 깨닫게 된다. 또 어떤 내담자는 자신이 누구인지를 알지 못한다는 것을 갑작스럽게 자각하게 된다. 그러나 상황이 해결되는 경우, 이번에는 주로 둔주 상태 동안의 기억상실을 경험한다.

해리성 둔주에 대한 임상적 보고는 많다. 통제된 실험 분석을 실시한 연구 사례Schacter 등에서 P. N.이라는 내담자의 상황은 할아버지의 타계로 인해 촉발되었다. 이때 기억상실의 경계가 크로비츠-로빈슨Crovitz-Robinson 기법에 의해 탐색되었다. 이것은 일상적인 단어를 제시하고 이와 관련해서 기억나는 일을 보고하도록 하는 기법이다.

둔주 상태에서 검사받았을 때 피험자 기억의 86%가 둔주 기간 동안의 일이었다. 이런 검사 상황에서는 일반적으로 최근의 일을 더 많이 보고하지만, 이는 일반적으로 관찰된 것보다 더욱 강력한 최근 효과recency bias를 나타낸다. 2주일 후 기억상실이 완화되고 나서 92%의 기억이 기억상실 이전의 것이었다. 따라서 이것은 최근 둔주 상태의 기억상실을 반영하는 것이다. 대조적으로, 유명인사의 사진을 확인하도록 요청했을 때 내담자는 기억상실기 동안과 이후에 똑같이 잘 수행하였다. 이러한 결과는 둔주 동안 기억의 선택적 방해 해리를 반영한 것으로 해석되었다. 즉, 개인사적 경험과 사적인 자료에 대한 일화기억은 손상되지만, 상황이나 자신과 관련 없는 세상 지식에 대한 의미기억은 보존된다는 것이다. ◆

5. 이인증/비현실감 장애

이인증은 '자신의 마음이나 자기 또는 신체를 벗어나서 외부의 목격자가 되는 듯한 경험'이며, 비현실감은 '비현실적이거나 자신의 주변 환경과 분리되는 경험'을 특징으로 한다. 이인증은 정신분열증과 같은 심리장애 또는 불안, 기분, 성격 및 인지에서의 장애 등에서 나타나는 증상일 수 있다. 그러나 정신분열증과 달리 이인증 장애에서는 현실검증력이 유지된다. 다른 문제가 없는 경미한 이인화는 때때로 젊은 성인층에서 일어나며, 그것 자체로는 심리장애로 진단되지 않는다. 다음 이인증 사례처럼 다른 더 명확한 장애가 없지만 이인증 증상이 스트레스를 일으킬 정도로 충분히 심각하고 지속적인 경우에 이인증이라는 진단을 내린다.

20세의 남자 대학생인 K는 미칠 것 같다며 심리상담을 요청했다. 지난 2년간 K는 자신의 몸 밖으로 나가는 듯한 경험을 점점 더 자주 하게 되었다. 이런 일은 몸이 죽은 듯한 느낌을 동반한다. 이때 종종 K는 균형을 잃고 가구에 부딪쳐 넘어지는데, 공공장소에서, 특히 그가 약간 불안해하고 있을 때 일어난다. 이런 때면 그는 자연스러운 신체통제력을 잃고 사고가 흐려지며, 이것은 5년 전 맹장수술 당시 마취제를 투여받았을 때를 상기시킨다고 한다.

통제력이 상실되고 특히 괴로워지면 K는 머리를 흔들고 스스로 "그만!"이라고 되뇌인다고 한다. 그러면 일시적으로 머리가 맑아지며 신체통제력이 회복되는 듯하지만, 곧 다시 효력이 사라진다고 한다. 수 시간에 걸쳐 서서히 불쾌한 경험이 사라진다. 하지만 강도와 빈도가 점차 증가하여 불안하다고 했다.

K는 치료를 받으러 올 당시 이런 경험이 일주일에 2회 정도이며, 각각 3~4시간 지속된다고 했다. 혼자서 운전하고 있을 때 이런 일이 몇 차례 발생하자 사고가 날까 두려워서 타인이 동행한 경우에만 운전하기에 이르렀다. 결국 K는 이 문제를 여자친구와 상의했지만, 그녀는 그가 유머감각을 잃고 자기중심적이 되어간다고 불평했다. 그녀는 문제를 개선하지 않으면 헤어지겠다고 했으며, 다른 남자를 만나기 시작했다.

이인증/비현실감 장애의 진단기준 (DSM-5; APA, 2013)

A. 이인증, 비현실감, 또는 2가지 모두 지속적 · 반복적으로 경험한다.

　1. 이인증: 자신의 사고, 감정, 감각, 신체 또는 행위에 대하여 비현실감, 분리되어 있는 느낌이 들거나, 외부의 관찰자처럼 경험한다(예: 지각의 변화, 시간에 대해 왜곡된 느낌, 비현실적인 자기감이나 자기가 없는 느낌, 정서적/신체적으로 멍함).

　2. 비현실감: 비현실감을 경험하거나 주위와 분리되어 있는 것처럼 느낀다(예: 자기 자신이나 사물이 비현실적으로, 꿈처럼, 몽롱하게, 살아있지 않은 것 같거나 왜곡되어 보인다).

B. 이인증이나 비현실감을 경험하는 동안 현실검증력은 손상되지 않은 채로 남아있다.

C. 이인증은 임상적으로 심각한 고통이나 사회적, 직업적 또는 다른 중요한 기능 영역에서 심한 장애를 초래한다.

D. 이 장해는 물질(예: 약물남용, 투약)이나 다른 의학적 상태(예: 간질)의 생리적 효과로 인한 것이 아니다.

E. 이 장해는 다른 심리장애, 예컨대 정신분열증, 공황장애, 주요우울 장애, 급성 스트레스 장애, 외상후 스트레스 장애, 또는 기타 해리성 장애로 더 잘 설명되지 않는다.

　K는 이전보다 공부에 더 많은 시간을 투자하였고, 따라서 학교 성적은 지난 6개월 동안 오히려 향상되었다. 증상

공연장에서의 집단실신 사태: 집단해리 현상인가?

십 대의 우상인 가수나 음악 그룹의 공연 중에 수십 명에서 수백 명에 이르는 여학생 팬들이 기절하여 응급구조 요원 또는 구급차의 도움을 받거나 병원으로 옮겨지는 사태가 종종 기사화된다. 그러면서도 대체로 큰 사고가 없는 이유는 아마 이들이 실신하면서도 완전히 의식을 잃지는 않기 때문으로 보인다. 완전히 의식을 잃고 쓰러지면 다치지만 대부분 그 정도는 아니었던 것 같다. 그보다는 다른 사람들이 쓰러지는 것이 잠재적인 영향을 미쳤기 때문으로 보인다.

어떤 학자는 극도로 흥분했을 때 여성은 잘 실신하고 남성은 폭력적이 된다고도 한다. 남성은 자율신경계 중 흥분을 맡는 교감신경계가 발달했고, 여성은 억제를 담당하는 부교감신경계가 발달했기 때문이라는 학설이 이를 뒷받침한다.

십 대는 자신의 우상과 자신을 동일시하고, 다양한 가치를 알지 못하면 광적인 팬이 될 소지가 높다.

들을 걱정하기는 하지만, 수면이나 섭식에는 별다른 변화가 없고 집중력도 손상되지 않았다. 걱정으로 인한 피로나 신체적인 민감성도 없었다. K는 결국 심각한 심리장애로 수년간 병원치료를 받은 사촌처럼 자신도 그런 경우일지 모른다는 생각에 상담을 요청했다고 한다.

이인증/비현실감 장애의 필수 증상은 자신의 자아로부터

분리되거나 소외되는 느낌이 지속적이거나 반복적이라는 것
이다. 이들은 자신이 기계인 것처럼 느끼거나 꿈속 혹은 영화
속에서 사는 것처럼 느낀다. 이들은 자신의 정신 과정이나 신
체 또는 신체 부분에 대해 외부 관찰자인 듯한 느낌을 받는다.
다양한 형태의 감각마비, 정서반응 결여 그리고 언어를 포함
한 개인의 활동을 조절할 수 없다는 느낌을 흔히 갖는다. 이인
증 장애가 있는 사람들은 현실검증력, 예를 들어 그것이 오직
느낌일 뿐 자신이 실제로 기계가 아님을 인식하는 능력은 손
상되지 않은 채 유지된다.

　이인증과 비현실감은 불안, 우울증, 강박증 등 종종 여러
증후군의 증상들로 나타난다. 이것은 가까이에서 다른 사람
의 죽음을 보게 된 사람들에게 많이 나타나는데, 주된 느낌은
자신과 세계가 변화된 것 같이 느끼는 것이다. 이것은 잠에서
깬 후나 사고를 당한 후에 갑자기 발생하기도 하며, 이를 경험
하는 사람은 당혹감을 느끼고 변화된 상태에 대해 비현실적이
고 비연속적으로 느낀다.

　경험 대상, 예컨대 자신이나 세상은 보통 따로 떨어져 있고,
무생물이며, 낯설고, 익숙하지 않은 것으로 묘사된다. 이러한
느낌은 불쾌하고 혐오스럽기까지 할 때도 있으며, 내담자는
자신이 미쳐가거나 죽어가는 것 같이 느끼기도 한다. 그러나
현실과의 끈은 계속 유지하고 있다. 또한 일반적으로 정서적

민감성이 줄어들어서 외부 세계에 대한 관심이나 다른 사람들에 대한 느낌, 불안이나 우울증 등이 없어진다.

이인증과 비현실감은 기시감과 미시감을 비롯한 많은 다른 증상과 함께 나타난다고 한다. 기시감은 처음 와본 곳인데도 언젠가 와본 것처럼 익숙하게 느끼는 것이고, 미시감은 익숙한 곳인데도 처음 와보는 것처럼 느끼는 것이다. 보통 감각과 지각의 왜곡, 개인적 시간 경험에서의 변화, 개인의 과거에 대한 상승된 기억, 신체상에 대한 변화가 경험된다. 전체적으로 이인증은 자신과 다른 사람과의 관계에 있어서 낯설음을 경험하는 것이다.

인지심리학의 관점에서 이 증후군은 친숙한 방에 들어갔는데 그 방의 가구와 칠이 달라져 있을 때 느끼는 것처럼, 현재 경험을 과거 기억과 조화시키지 못하는 것이다. 특히 이런 재인 실패에서 중요한 것은 자기참조가 어려워지는 것인데, 이것은 재인 경험에 아주 필수적인 것으로 보인다. ◆

6. 해리장애의 발생과 진단

해리장애의 실제 발병률과 유병률은 추정하기 어렵다. 여러 연구자는 대단위 표본에 적용 가능한 해리에 관한 설문지를 개발하였는데, 여기에는 해리경험척도dissociation experiences scale: DES(Bernstein & Putnam, 1986), 지각전환척도perceptual alterations scale: PAS(Sanders, 1986) 및 해리경험질문지questionnaire of experiences of dissociation: QED(Riley, 1988) 등이 있다. 지각전환척도가 해리의 일반적 정의와 분명하게 연관되지 않는 섭식장애에 관련된 문항들을 가지고 있음에도 불구하고, 적어도 대학생들에게서는 지각전환척도와 해리경험척도 간의 상관이 매우 높다. 이러한 도구들은 정신과적 진단을 위한 것은 아니지만, 감별도구로서 유용하다.

진단에 관해서는 해리장애 면담도구dissociative disorders interview schedule: DDIS(Ross et al., 1989)가 있다. 이는 해리성 기억

상실, 둔주, 다중인격 장애, 이인화 장애 등을 진단하고자 한
것이다. 마찬가지로 이러한 증상들을 진단하는 구조화된 임상
적 면접 기법SCID-D(Steinberg et al., 1990)도 소개되고 있다. 이러
한 도구들은 평정자 간 신뢰도가 매우 높은 것으로 나타났다.

　해리장애를 진단하기 위한 면접에서 주로 질문되는 이슈는
다음과 같다.

- 과거력: 무슨 일이 있었나?
- 자기에 대한 감정: 자신에 대해 어떻게 생각하고 느끼나?
- 증상: 우울, 불안, 지나친 예민성, 분노, 과거 장면의 회
  상, 침투 기억, 내부의 목소리, 기억상실, 마비, 악몽, 반
  복되는 말
- 안정감: 자신에 대해, 그리고 타인에 대해
- 기타: 관계의 어려움, 약물 남용, 섭식장애, 가족사, 사회
  지지 체제, 의학적 상태

　해리성 정체감 장애에서 내담자의 성격은 일반적으로 '분
신alter'이라고 부르는 성격들의 총합과 상호작용으로 이루어
진다. 분신이란 각기 나름대로의 지배적인 감정과 신체상을
포함한 자기감정, 제한된 행동목록, 상태에 따라 형성되는 일
련의 기억을 둘러싸고 조직화된 고도로 명백한 의식 상태라고

정의된다. 이 분신들이 임상 면담 중에 드러난다면 진단하기 어렵지 않다. 그러나 많은 내담자가 자신의 증상을 숨기려 하기 때문에 진단이 쉽지 않다.

각각 독립된 분신으로서의 인격들은 내담자가 소아기에 받은 외상이 다른 사람에게 일어났던 것으로 스스로 믿게 하는 식으로 적응하기 시작한다. 이들 인격들은 곧 이차적인 자율성을 얻고 독립성에 대한 망상에 가까운 믿음을 갖게 되며, 심한 경우에는 자신의 몸에 상처를 입히거나 실제로는 몸에 아무런 상처를 내지 않고도 자신을 파괴시킬 수 있다고 믿기도 한다. 분신은 주로 사용하는 손, 글씨 형태, 목소리, 사투리 등에서도 차이를 보일 수 있다고 한다. 또 특별한 이름을 쓸 수도 있고 이름이 없을 수도 있다.

해리성 정체감 장애의 진단 시 의심해야 하는 증상들로 이루어진 목록표를 사용할 수 있다. 여러 진단명을 가진 내담자나 과거 치료에 실패한 일이 있는 내담자의 경우 해리성 정체감 장애를 의심해보아야 한다. 다양한 증상, 기능 수준의 심한 변화, 심한 두통이나 다른 통증 증후군이 증상의 일부로 나타날 수 있다. 기억상실이 있거나, 시간을 왜곡하거나 잘못 아는 경우, 기억할 수 없는 일을 했다고 남들로부터 듣게 되거나, 6~11세의 잠복기 동안 사건들을 기억하지 못할 때가 없었는가를 적극적으로 질문해야 한다. 내담자가 전혀 알지 못하는 물건이나 서류를 가지고 있거나, 전혀 쓴 기억이 없는 자신의 글씨를 발견한 적이 있다고 호소하는 경우도 있다.

특별한 형태의 환시나 환청도 해리성 정체감 장애를 시사할 수 있다. 내담자에게 특정한 행동을 하도록 강요하는 등 특이한 속성을 가진 분명한 목소리가 머리에서 들리는 경우도 흔하다. 내담자가 자신을 '우리'라고 표현하거나 자신을 마치 제3자인 듯 말할 때도 해리성 정체감 장애의 가능성을 고려해야 한다.

경험이 많은 임상가는 이러한 분신을 더 잘 추적할 수 있다. 어떤 경우 약물을 사용한 면담이나 최면을 이용하여 다른 존재를 불러내는 시도를 할 것이다. 또 다른 방법으로 특별히 당황스러웠던 사건이나 기억상실의 기간 혹은 성적인 경험에 초점을 맞추고 더 상세한 정보를 찾아내려는 시도를 할 수도 있다. 때로 이런 종류의 질문만으로 분신을 저절로 이끌어낼 수도 있다. 한 해리성 정체감 장애 내담자는 전에 사귀었던 남자 친구와의 경험을 이야기하다가 머뭇거렸을 때, 그 관계에 대해 더 자세히 말하도록 요구하자 일곱 살 때의 분신으로 변했다. "혹시 내가 이야기를 나누어야 할 다른 사람이 있습니까?"라는 질문도 매우 유용하게 사용될 수 있다.

해리장애의 유병률은 정신과 내담자 중 5~10%로 보고되고 있다. 고속도로에서 일시적인 최면을 느낀다든지, 얼마 동안 세상이 낯설어지는 느낌이나 멍해지는 느낌과 같은 사소한 해리 현상은 일반적으로도 흔하다. 미국의 경우 정신과 병동에 입원하는 내담자의 23.3%가 해리성 정체감 장애라는 놀라운 자료도 있다.

해리장애에 동반하기 쉬운 그 밖의 병리로는 외상후 스트레스 장애, 우울증에서보다 잦은 자살시도, 알코올중독 등이 있다.

1) 해리성 정체감 장애

해리성 정체감 장애는 이전에 다중인격 장애로 불렸는데, 다중인격 장애에 대해서는 많은 논란이 있었다. 정신과에서는 이 질환을 지어낸 것이라고 생각하기도 했고, 백만 명 중에 한 명 있을 정도로 아주 드문 것으로 여겼다. 반면에 대중매체나 통속적인 책에서는 종종 등장하는 소재였다.

최근 들어 미국에서의 해리성 정체감 장애 보고 사례가 급격히 증가하고 있다. 이는 정신건강 전문가들이 이 진단을 더욱 자세하게 인식하게 된 결과로 볼 수도 있다. 소아에 대한 성적 학대나 신체적 학대가 너무나 만연되어 있다는 사회적 인식 때문에 전문가들이 해리장애를 훨씬 더 심각하게 생각하게 된 것이다. 또는 이 장애를 갖고 있는 사람들은 매우 암시

받기 쉽기 때문에 증상이 지나치게 진단된다고 볼 수도 있다.

해리장애의 실제 발병률과 유병률은 추정하기 어렵다. 문화에 따라 빙의possession 현상으로 간주되어 병리적으로 여기지 않기도 하다. 연구대상 집단에 따라 편차가 큰데, 약 0.5~5%가 해리성 정체감 장애에 해당한다고 본다. 최근 들어 미국 내에서 비교적 높은 비율로 보고되고 있는 것으로 보아 이 장애가 문화 특유의 증후군일 가능성도 시사해준다. 미국, 캐나다 등 북미 지역이 일본, 중국 등 아시아 지역보다 장애 발생율이 더 높고, 분신의 수도 약 3배 더 많다. 청소년기 이전의 소아에서는 청소년이나 성인보다 증상의 표출이 덜 분명하므로 진단할 때 특별한 주의가 필요하다. 해리성 정체감 장애는 대개 9세 이전의 외상 경험을 가지고 있으며, 청소년 후기나 성인기 초기에 가장 많이 발생한다. 진단받는 평균 연령은 30세다. 성별로는 여성이 남성에 비해 해리장애로 진단받는 비율이 3~9배 높은데, 이는 해리성 정체감 발달에 근친상간이나 성폭행이 원인이 되는 경우가 많아서다. 또 남성은 평균 8가지 정체감을 소유하는 반면, 여성은 평균 15가지 이상의 정체감을 가진다. 분신의 수는 평균 13~15명 정도이고 중앙값은 8~10명이지만, 실제로 6명 이하의 분신이 나타난다. 평균이 높아지는 것은 분신이 아주 많은 내담자들이 있었기 때문이다. 심지어 26명까지 분신이 있었던 경우도 있는데, 보

🔍 해리성 정체감 장애는 존재하는가?

해리성 정체감 장애는 과연 실제로 존재하는 것일까? 해리성 정체감 장애는 일반인에게도 낯설고 신기한 장애임에 분명하지만, 전문가들 사이에서도 논란이 많은 장애로, 이 장애가 실제 존재하는지 여부에 대해 의문을 제기하는 경우도 있다. 또 유명한 사례를 모방하기 때문에 해리성 정체감 장애가 실제보다 더 많이 진단된다고 보기도 한다. 임상가들은 이 존재를 확신하지만 이를 입증하기 어려웠는데, 최근 PET, fMRI 등 신경생물학적 도구의 발달로 서로 다른 인격 상태일 때 뇌의 활성화가 다름을 보임으로써 해리성 인격장애가 실재함을 시사하고 있다.

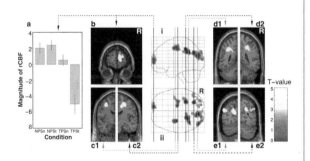

해리성 정체감 장애 환자에서 일반적인 성격상태(NPS)와 외상적인 성격상태(TPS)일 때 활성화 차이를 보이고 있다.

출처: Reinders et al. (2003).

통 3명 정도가 가장 흔하다.

해리장애의 진단은 쉽지 않다. 대중매체에 나타난 경우는 매우 극적이고 증상도 심한 경우들이지만 실제로 대부분 해리성 정체감 장애 내담자들은 아주 비밀스럽게 자신의 증상을 감추려 한다. 대개 처음 증상이 나타난 지 5~10년 후 치료에 와서 진단을 받게 되고, 오랫동안 여러 진단명이 붙여져 오다가 해리성 정체감 장애로 확진되며, 확진까지는 평균 7년이 걸린다. 또한 해리성 정체감 장애는 만성적이고 재발되는 경향이 있으며 변화가 많은 임상 경과를 보인다. 40대 후반 이후에는 덜 나타나게 되지만, 스트레스 상황이나 외상 또는 물질 남용의 삽화 동안에는 다시 나타날 수 있다. 해리성 정체감 장애로 진단받은 사람들의 80~100%가 외상후 스트레스 장애를 부수적으로 진단받는다.

2) 해리성 기억상실

해리성 기억상실은 해리장애 중 가장 흔하다. 주로 사춘기와 청년기에 발병하고 남자보다 여자에게서 많으며, 노인층에서는 드물지만, 모든 연령에서 나타난다고 볼 수 있다. 전시나 천재지변이 있을 때 발병률이 높다. 가정에서 배우자 학대나 아동학대와 관련된 해리성 기억상실의 발생 빈도는 대체로

일정하다. 최근 미국에서는 초기 아동기 외상 경험의 망각을
포함하는 해리성 기억상실의 사례에 대한 보고가 증가하고 있
다. 하지만 피암시성이 높은 사람들에 의해 이러한 증상이 과
도하게 진단된 것이라고 보는 견해도 있다.

해리성 기억상실을 아동들에게서 평가해야 하는 경우가 특
히 어렵다. 그 이유는 부주의, 불안, 학습장애, 정신병적 장애
등과 혼동될 수 있기 때문이다. 교사, 치료자, 사례연구자 등
여러 상이한 검사자에 의한 일련의 관찰과 평가가 아동의 해
리성 기억상실의 정확한 진단에 필요하다.

해리성 기억상실을 보이는 대부분의 사람에게서 나타나는
주된 증상은 기억의 단절이다. 해리성 기억상실의 삽화를 한
번 보고했던 사람은 후에 외상적 상황에서 기억상실을 일으키
는 경향이 있다. 급성 기억상실은 연관된 외상적 상황으로부
터 빠져나오면 자발적으로 회복될 수 있다. 만성 기억상실을
지닌 사람들 중 일부는 점진적으로 해리되었던 기억을 되찾기
도 한다.

해리성 기억상실의 1년 유병률은 미국 소규모 지역사회 연
구에서 성인의 1.8%였다. 성별에 따라 남성은 1.0%, 여성은
2.6%로, 여성이 높은 편이다. 해리성 기억상실 중 둔주 형태
는 비교적 드물며 일반 유병률은 0.2%이고, 발병 연령은 일정
하지 않다. 둔주 내담자를 대상으로 한 연구에 의하면, 해리성

둔주 내담자들은 발병 이전에 우울 증상을 보인 경우가 많았고, 강렬한 정서 상태를 경험하는 경우도 많았다. 그리고 많은 양의 알코올을 섭취하였거나 심한 심리사회적 스트레스 후에 해리성 둔주를 일으키는 경우가 있다. 또 해리성 기억상실처럼 천재지변이나 전쟁 후에 발생하는 경우가 많다.

문화적으로 보면, 여러 문화권, 특히 원시적인 풍습이 남아 있는 부족에서 해리성 둔주의 진단기준에 부합되는 경우가 있다. 예를 들어, 서태평양 문화권에서 나타나는 아모크amock는 사람 및 사물에 대한 난폭하고 공격적이며 자해적인 행위의 폭발 후에, 그러한 사건의 기억이 상실되는 것이 특징인 해리성 삽화다. 이는 사소한 모욕으로 유발될 수 있으며 주로 남성에서 흔하다고 한다. 비슷한 행동 양상이 라오스나 필리핀 등에서도 발견된다. 북극지방 에스키모 원주민의 피블로토크pilblotoq는 극심한 흥분이 있은 후 종종 경련과 혼수상태가 뒤따르는 갑작스러운 해리성 삽화다. 흥분은 30분 정도까지 계속되며, 이후 혼수상태가 길게는 12시간까지 지속된다. 대개 발작이 있기 전 수 시간 또는 수일 동안 위축되고 약간의 신경과민이 있을 수 있으며, 발작 후에는 발작 동안 일어난 사건에 대해 완전히 기억이 상실된다. 우리나라에도 신병shin-byung이 있는데, 초기에 불안과 전신 허약감, 어지러움, 공포, 식욕부진, 불면, 소화기계 문제 등 신체적인 호소를 특징으로 하고,

이에 뒤따라 해리 현상을 일으키고 조상의 영혼에 사로잡히게
된다.

해리성 둔주의 발병은 대개 외상적이고 스트레스를 주는
혼란스러운 인생 사건과 연관되며 성인에게서 나타난다. 거
의 대부분 단일한 삽화가 보고되고, 짧게는 수 시간에서 길게
는 수년에 걸쳐 나타난다. 그리고 자연적으로 회복하며, 회복
률이 빠르고, 재발은 드물다.

3) 이인증/비현실감 장애

이인증/비현실감 장애의 평생유병률은 미국과 다른 국가에
서 0.8%~2.8%로, 대략 2% 정도다. 몇 시간에서 며칠간 지
속되는 일시적인 이인증/비현실감 증상은 일반적으로 흔하
다. 성인의 거의 절반은 일생 동안 심한 스트레스에 자극을 받
아 단기 이인증의 삽화를 한 번 정도 경험한다. 생명을 위협하
는 위험에 노출된 사람들의 1/3은 일시적인 이인증을 경험하
며, 이들 중 40%가량이 정신장애로 입원한다.

이인증/비현실감 장애가 있는 사람들은 이 장애가 소아기
에 발병하여 발견되지 않았더라도, 청소년기나 성인기에 치
료를 받으러 온다. 이인증을 호소하는 경우는 매우 드물기 때
문에, 반복성 이인증이 있는 사람들은 흔히 불안, 공황, 우울

과 같은 다른 증상들을 호소한다. 이인증이 일어나는 기간은 매우 짧은 시간부터 지속적인 기간까지, 즉 몇 초부터 몇 년까지 다양하다. 생명을 위협하는 상황, 예를 들어 군대 전투, 외상적 사건, 폭력 범죄에의 희생에 뒤따르는 이인증은 외상에 노출된 후 대개는 갑작스럽게 나타난다. 경과는 만성적이고 좋아지는 시기와 악화되는 시기가 뚜렷하게 나타난다. 실제적인 스트레스 사건 또는 객관적으로는 그렇게 보이지 않지만 본인 스스로 스트레스로 지각하는 사건과 관련되어서 악화가 자주 일어난다. ◆

7. 해리장애의 심리평가

　대개 임상 심리학자들은 심리평가척도에 의존해서 심리장애를 진단하게 된다. 해리장애 집단을 대상으로 연구한 결과를 보면 MMPI에서는 7번Pt 척도와 8번Sc 척도가 상승했다. 이는 불안과 기이한 경험을 반영하는 것으로 보인다. 다른 검사에서도 불안의 지표에서 높은 점수를 보였다고 한다.

　로르샤흐Rorschach 검사를 도구로 한 연구에서, 해리집단과 통제집단에서 차이를 보인 결정적인 변인은 운동반응, 깊이를 지각하거나 삼차원적으로 지각하는 반응 등이었다. 해리집단에서 보이는 이러한 특성은 대부분의 사람이 먼저 지각하는 표면적인 특성인 형태, 색채, 음영보다 많았다. 이는 상상과 투사를 주로 많이 사용한다는 것을 반영한다. 즉, 이들은 어떤 속성을 상상 속에서 창조해내고 여기에 심리적 실체를 부여해서 자신과는 분리된 것으로 경험한다. 이러한 지각 양상은 해리장애의 심리 과정을 반영한다고 할 수 있다. 이들은 또한 지각의 어느 한 특성에 매우 집중적으로 반응해서 다른 특성을 보지 못한다. 이는 지각된 환경에 심리적으로 과도하게 몰두하여 비효율적으로 되는 것과 같다. 어떤 연구자는 이를 두고, 해리장애의 특성은 경험에서 떨어지지 못하는 것이라고 하였다.

또 다른 로르샤흐 반응 특성은 반응을 부적절하게 결합하는 것, 신체적으로 와해되거나 찢어지거나 나뉜 것으로 지각하는 반응 등이었다. 해리장애 내담자들은 신체적·심리적 자기를 계속 통합적으로 지각하기 어렵다. 따라서 환경도 전체적이고 온전하게 지각하지 못하는 것으로 보인다.

이들은 현실검증력도 낮게 나타났다. 해리장애 내담자들은 모호한 자극에 대해서 일반적이지 않은 방식으로 지각하는 경우가 많았는데, 상상력을 많이 동원하고 복잡하며 통합되지 않았다. 이런 방식은 상식적으로 현실을 지각하는 능력의 손상을 보이기 쉬운 것이었다. 해리장애 내담자의 로르샤흐 반응 특징 중 하나는 피, 해부반응, 죽음과 관련된 반응, 파편화된 인간 등 외상과 관련된 지각이 많다는 것이다. 이것은 내적 통제감 부족과 함께 어린 시절의 외상을 반영하는 것으로 보인다.

해리장애와 관련된 실험에서, 해리경험척도에서 높은 점수

임상장면에서 나타나는 해리행동

어떤 행동을 해리행동으로 보아야 하는가? 해리의 경우 자기 스스로 그 증상을 제대로 설명할 수 없으므로 임상관찰이 중요해진다. 특히 아이들의 경우 자기를 표현하기 어려우므로, 외상을 당했는지를 세심하게 관찰해야 한다. 임상장면에서는 다음과 같은 행동이 해리행동의 증상으로 보일 수 있다.

1. 환각의 재현(flashback, 플래시백): 자아가 관찰하고 있는 상태에서 과거 사건을 갑자기 기억하거나 재경험한다.
2. 어린 아이 같은 언행: 예를 들어, 어른이 갑자기 네 살짜리 어린 아이처럼 행동하는 것이다. 이때 어른의 정체성은 완전히 사라지지 않았더라도 의식의 주변부로 물러나있는 상태다.
3. 통제할 수 없는 파괴적인 행동: 본인은 이러한 행동을 기억해내지 못하기 때문에 자신의 행동에 대한 책임을 부정한다.
4. 폭식 등 충동적이고 강박적인 행동을 보인다.
5. 어떤 사고나 기억에 사로잡혀서 허공을 주시한다.
6. 목적에 맞게 집중하거나 행동해야 할 때 한계를 느끼거나, 외상이나 위기를 겪고 나서 며칠 또는 몇 주 동안 정서적인 마비를 경험한다.
7. 어떤 사건에 대해 그 사건 자체 또는 다른 사건들과 반응하는 방식에 있어 모순이 있다.
8. 일정 수준의 무통, 근육감퇴, 건망증을 보인다.

를 보인 사람들은 정서적인 자극이 있는 단어에 대한 기억이 저조했다.

심리학자들이 관심을 갖는 또 하나의 과정은 언제 무엇을 매개로 해서 해리 현상이 일어나는지다. 연구 결과는 해리 현상이나 해리성 정체감 장애에서, 한 인격에서 다른 인격으로 변하는 것은 강한 정서 또는 정동 자극과 관련된다고 보고한다. 주로 환경적 스트레스나 외상적인 기억을 일으키는 계기들이 문제가 된다. 예를 들어, 어떤 내담자는 정신과 병동에 입원해 있으면서 가족 면회가 있기 전에 극심한 불안과 해리 현상을 보였다고 한다.

신경생물심리학적 입장에서 해리장애에 접근하는 사람들도 있다. 이러한 입장에는 해리성 정체감 장애에 신경학적으로 측두엽이 중개 역할을 한다는 가설이 있지만, 아직 이를 증명하는 확실한 자료는 없다. 컴퓨터를 이용한 양전자 방출 단층 촬영single photon emission computer tomography에서 해리성 정체감 장애의 변환 과정 동안 측두엽의 혈류에 변화가 있다는 것을 발견했다.

42명의 해리성 정체감 장애자를 대상으로 병전 성격을 살펴본 연구에서, 이들은 회피적76%, 자기패배적68%, 경계선적 50%, 수동공격적45%인 성향을 보였다. 같은 연구에서, 달리 분류되지 않는 해리성 장애로 진단받은 16명의 내담자는 회

> **해리성 장애의 자가 진단**

해리성 정체감 장애는 처음 증상이 나타나고 대개 5~10년 후 진단을 받게 된다. 해리성 정체감 장애의 경우 각 인격 사이에 기억상실이 있기 때문에, 처음에는 자신이 여러 인격을 가지고 있다고 자각하지 못하는 경우가 흔하다. 스스로 해리장애를 의심해볼 수 있는 증상으로는 다음과 같은 것이 있다. 이런 문제는 순수하게 기억의 문제가 아니고, 약물이나 기타 알코올의 영향으로 일어난 일이 아니어야 한다.

1. 종종 깜박한다. 특히 생일, 결혼, 아이에 대한 것 등 중요한 사건을 기억하지 못한다.
2. 낯선 곳에 와있는 자신을 발견하고, 어떻게 거기에 갔는지 기억하지 못한다.
3. 자신은 거짓말하지 않았는데 거짓말한다고 자주 비난받는다. 기억나지 않는 일을 자기가 했다는 말을 듣는다.
4. 자기 것이 아닌 물건을 가지고 있는데, 어떻게 가지게 되었는지 모른다.
5. 잘 모르는 사람을 만났는데, 그 사람이 자신을 다른 사람으로 알고 있는 경우가 종종 있다.
6. 자신을 자기 이름이 아닌 다른 사람의 이름으로 부르는 사람이 있다.
7. 거울을 볼 때 자기를 못 알아본 경우가 있다.
8. 비현실감을 자주 느낀다.
9. 한 사람 이상인 것처럼 느낀다.

피적$_{50\%}$이고 자기패배적$_{31\%}$인 성향을 보였다. 이러한 양상은 심하게 외상적인 스트레스를 경험한 외상후 스트레스 장애 내담자들과 같은 양상이다.

한 심리장애에서 다른 문제들이 진단되기도 한다. 해리장애에서 자주 진단되는 문제는 중독, 섭식장애, 성기능 장애, 기분장애, 불안문제 등이다. ◆

해리장애는
왜 생기는가

2

1. 외상과 스트레스의 경험

  정신분석적 접근에서는 해리장애가 정서적 갈등과 외부 스트레스를 다루는 한 방법으로서 의식을 변경시키는 것으로 본다. 이때 보이는 기억상실은 억압과 부정을 사용한 일종의 방어기제라고 볼 수 있다.

  해리의 경우 본질적으로 각각 독특한 자기의 행태나 자기표상들이 갈등상태에 놓이게 되기 때문에 서로 독립된 심리구획 안에 놓이지 않으면 안 된다. 외상을 입은 자기에 대한 기억은 일상적인 자기와는 맞지 않기 때문에 해리된다. 예를 들어, 관리직으로 근무하던 중 강도에게 성추행을 당한 한 여성이 이때를 기억해내지 못했다고 하자. 그녀는 그 상황에서 정복당하고 모욕받는 자신의 이미지를 받아들일 수 없었고, 이것이 전적인 통제를 행사하는 자기상과 맞지 않았기 때문에 해리를 일으켰다고 볼 수 있다. 특히 모든 상황에서 책임을 져야 하는 감독 직책의 자기상과 완전히 상충되었기 때문에 더욱 그러하다.

이인증은 삶을 위협하는 위험에 대한 하나의 반응이고, 심인성 기억상실증과 둔주는 범죄와 재난에 의한 희생의 산물로 볼 수 있다. 이에 대한 증거로 기억상실증과 둔주가 '전쟁신경증'에서 나타나는 빈도를 들 수 있다. 군대 정신과 내담자를 분석한 연구에 따르면, 장기 진격이나 심각한 화재처럼 심한 스트레스 아래에 있던 군인들의 약 35%, 주기적인 폭발 같이 삽화적 스트레스를 경험한 군인들의 약 13%가 기억상실증에 걸렸다. 반면에 직접 전투에 참여하지 않은 군인들 중에서는 약 6%만이 기억상실증에 걸렸다.

많은 연구자가 다중인격 장애와 아동기 성적·신체적 학대 경험을 비롯한 아동기 외상 간에 분명하고 강력한 상관을 발견하였다. 아동기 외상의 정의는 매우 광범위해서 성적·신체적 학대뿐만 아니라 심한 무관심과 빈곤까지도 포함된다. 성적 학대란 애무에서 성행위까지 성적 접촉을 당하는 것이라고 정의된다. 이러한 연구 가운데에는 다중인격 장애와 관련한 100개 사례에 대해 포괄적인 분석을 한 것도 있다. 이 사례들 중 86%가 성학대를 받은 과거력이 있었고, 75%가 반복적으로 신체적 학대를 받았다고 보고했다. 또 68%는 성적 학대와 신체적 학대를 둘 다 받았다고 보고했으며, 45%는 아동기에 폭력적인 죽음을 목격했다. 특별한 아동기 외상의 과거력이 없는 경우는 단지 3%에 불과했다.

일반적인 조사 연구들에 의하면 현재 미국 여성 가운데 20~40%가 일생 동안 어떠한 형태로든 성적 공격을 받았다고 한다. 또 아동기에 성적 학대를 받은 비율은 20% 안팎에 이른다. 미국 전역의 6,159명의 남녀를 대상으로 이루어진 성폭력 피해에 대한 자기보고척도 연구에서는 3,187명의 여성 가운데 53.7%가 14세 이후 성폭력을 겪었다고 밝혔다. 조사된 자료에 의하면 아동기에 성적 학대를 당한 전력이 있는 여성은 전력이 없는 여성과 비교해 성년기 이후에도 재차 희생되는 경향이 크다고 한다.

러셀Russell은 1980년대에 샌프란시스코에 거주하는 930명의 여성을 대상으로 조사한 결과, 그중 24%가 강제로 성폭력을 당했고, 강간피해자의 28%가 14세 이전에 성적 학대를 받았다고 보고했다. 또한 한 번 이상 희생당한 여성의 18%가 근친에 의한 것이라고 한다. 아동기 성학대 피해 전력은 후에 남편에 의한 구타, 공공장소에서의 성희롱 등 여러 가지 형태의 피학대 경향으로 이어진다. 이 외에도 많은 자료가 아동기 성적 학대와 차후의 피강간 사이의 높은 관련성에 대한 주장을 뒷받침해준다.

이러한 조사 연구들은 현재 서양문화, 특히 미국의 성폭력이 위험 수위에 달했음을 나타낸다. 연구 결과를 볼 때 더욱 놀라운 것은 성폭력을 당한 여성 중 반복적으로 피해를 당하는 비율이 높다는 것이다. 특정 개인이 반복적으로 희생되는 경향이 있다는 점은 사회학 및 범죄학 연구에서도 주장되어 왔다. 밀러Miller 등 뉴멕시코 의과대학팀은 341명을 대상으로 한 연구에서 피해자 가운데 24%가 성적 공격의 상습 피해자라는 결과를 제시하였다. 이 결과들이 자기진술에 근거한 것이라는 것을 감안할 때 실제 수치는 이보다 높을 것으로 추정된다. 따라서 일종의 악순환이 존재하는 것으로 볼 수 있으므로, 성폭력 피해가 차후에 다른 성적 희생을 촉진시킨다는 것에 대해 살펴보는 것이 중요할 것이다.

다중인격 장애와 그 원인론으로서 아동기 외상에 대한 현재의 입장은 4요인 이론으로 요약될 수 있다.

- 외상에 직면했을 때 방어적으로 해리되는 능력이 있어야 한다.
- 성적·신체적 학대와 같이 아동의 적응 능력과 일상적인 방어 능력을 넘어선 압도할 만한 외상적인 생활 경험들이 있어야 한다.
- 분신의 형태는 이에 영향을 주는 다양한 힘과 이용 가능한 기질에 의해 결정된다.

• 돌보는 사람이나 다른 중요한 사람들이 달래주고 회복시
  켜주는 경험을 갖지 못했기 때문에 아동은 자극에 대한
  장벽이 불충분하다.

4요인 이론은 다중인격 장애 발생에 있어서 외상이 필요조
건이지 충분조건은 아니라는 것을 명백히 시사하고 있다. 즉,
어렸을 때 학대를 받았다고 해서 모두 다중인격 장애 내담자
가 되는 것은 아니다. 심리내적 갈등과 결핍 개념에 대한 정신
역동적 사고는 증상을 충분히 성숙시키는 요인들을 이해하는
데 크게 공헌하였다.

어린 시절 성추행과 같은 성적 외상을 경험한 사람들은 대
부분 그러한 경험에서 성적으로 각성되는 것에 대해 그 상황
을 즐긴 것 같은 죄책감이나 학대자와 공모한 것 같은 죄의식
등의 문제를 둘러싼 다양한 갈등을 느끼게 된다. 다중인격 장
애에 대한 4요인 이론 중 네 번째 요인인 아동이 의지할 만한
사람이 없었다는 것이 결핍의 가장 주된 원인이다. 자기 스스
로를 만족시키는 능력이 불충분할 때는 자신이 무조건적으로
신뢰할 수 있는 돌보는 대상이 있다는 것이 심리적 외상을 극
복하는 데 있어서 가장 중요한 요인이 된다. 아동기에 자신을
키워주는 어른이 없을 때는 자기 스스로를 또는 자기 분신들
을 자기를 위로하는 대상으로 사용할 수밖에 없다.

다시 피해자가 되는 것을 반복하는 행동 양상은 다중인격장애 내담자나 근친상간 또는 소아학대의 피해자들에게 공통적으로 나타난다. 강간이나 매춘 또는 성적 착취를 당하는 것은 근친상간의 피해자들에게서 훨씬 많이 일어난다. 여러 연구자가 '반복강박repetition compulsion'이 재희생화를 이해하는 주요 기반이 된다고 보았다.

프로이트는 최초의 외상 경험은 무의식 속에 억압되더라도 내담자가 원래의 외상을 극복할 능력을 획득할 때까지 지속되며, 현재의 도전에 대한 대처방식을 좌우한다고 하였다. 그리고 무의식중에 현재 상황과 외상 경험을 연관시켜서 극복 시도로서 과거 외상을 현재에 반복하게 된다. 즉, 아동기 성적 학대의 피해자는 무의식적으로 유사한 성적 상황을 자초해서 최초 외상 경험을 반복하는데, 이렇게 해야만 이러한 상황에 대한 통제력을 획득해나갈 수 있기 때문이다. 예를 들어, 매춘을 통해 성적 학대 시나리오를 무수히 반복 수행함으로써 일정 수준에서 상황에 대한 통제력을 획득해나간다. 이때 희생자가 되는 양상은 성별에 따라 차이를 보인다. 남성은 성인이 되었을 때 학대자와 동일시하여 다른 사람을 학대하는 경향이 있지만, 여성은 학대를 가하는 남성과 밀착하여 자신이나 자녀들을 다시 희생시킨다.

이러한 자기파괴적인 행동에 대해서는 정신역동적 설명이

필요하다. 부모가 자녀를 학대하는 가정에서 성장한 아동은 외상의 영향을 누그러뜨리고 달래주는 돌보는 사람이 없는 경우가 많다. 이 경우 희생자가 된 아동은 자기를 학대했던 사람이 그나마 자신에게 관심을 보였던 사람이라고 여기고 의지하게 되며, 이런 양상은 결국 성인기까지 지속되어 자기에게 맞는 짝, 즉 자기를 학대해줄 짝을 찾게 된다. 학대받은 아이는 학대하는 부모라도 있는 것이 부모가 없는 것보다는 낫다고 믿게 되며, 이러한 관계를 예측하고 반복함으로써 버려진다는 위협에서 자신을 보호할 수 있다.

이것은 한편으로는 수동적으로 경험했던 외상을 능동적으로 극복해보려는 시도일 수도 있다. 희생자는 소아기에는 자신의 통제에서 완전히 벗어나 있던 것을 더 잘 통제할 방법을 찾는 것이다. 즉, 성적 희생을 당한 사람이 그것을 반복 실행하는 것은 자신의 불쾌한 경험에 의미를 부여할 뿐만 아니라 그에 대한 통제력을 얻기 위함이기도 하다.

세대 간 성적 학대에 대해서는 이미 널리 알려져 있다. 그리고 자녀를 학대하는 부모는 자신이 학대의 희생자였던 경우가 많다. 이들은 자신이 그 어린 나이에 순수함을 빼앗겼다는 사실에 분노를 느끼고 나아가 자기의 자녀는 순수하다는 사실에 심한 시기심을 느껴 마침내 자녀를 공격적으로 학대하기도 한다.

다중인격 장애 내담자는 자신의 아동기 성적 학대를 회상하면서 대부분의 책임을 자기에게 돌리고 자신을 비난한다. 자기가 '멍청했다'든가 '바보 같아서' 또는 자신이 행실이 나쁜 아이였기 때문에 벌을 받은 것이라고 믿는다. 이런 수치심과 죄의식은 '나쁜' 부모를 어느 정도 내적으로 동일시하기 때문이기도 하지만, 결국 이런 자기비난은 무서운 상황으로부터 빠져나오려는 필사적인 시도로 이해될 수 있다.

작은 아이가 세상을 폭행이 난무하는 악으로 가득한 곳이라고 생각한다면 이것은 너무도 무서울 것이다. 반대로 부모가 근본적으로는 좋은 사람이고 마음속으로는 자신에게 관심을 갖고 있다고 믿는다면 자신이 겪는 경험은 더욱 이치에 맞게 된다. 즉, 부모가 그런 식으로 자기를 대우한다는 사실은 결국 자기가 그럴 만한 정도로 나쁜 아이라는 것을 의미하기 때문이다. 여기에 대해서는 대상관계 이론을 바탕으로 이해하는 것이 도움이 된다.

대상관계 이론은 아동이 자신과 타인에 대한 인상을 형성하는 것에 초점을 맞춘다. 아동은 자신에게 중요한 타인을 통해서 자신에 대한 이미지를 형성하므로, 심한 학대를 받으면 부정적인 자아 이미지를 만들어낸다. 또한 학대받는 원인을 자신에게 귀인하는 경향이 생긴다. 이런 과정에서 아동은 타인과 계속 가해자-피해자 역동을 만들게 된다. 이러한 인식에서 아동은 자신에 대한 타인의 학대를 용인하게 되며 심지어는 자학으로 나타내기까지 한다.

프로이트의 이론과 대상관계 이론에서는 둘 다 통제력 확보 욕구가 무의식 수준에서 일어나기 때문에 피해자는 자신이 무엇을 그리고 왜 하는지를 자각하지 못한다고 주장한다. 설령 학대 패턴이 명백히 나타나도 자신의 행동양식을 변화시키는 데에 어려움을 겪거나 통제력을 확보하기 위한 노력도 실제로 성과를 거두기 어렵기 때문에 피해자들은 희생되는 과정을 반복한다.

그러나 이처럼 반복강박에 의한 설명에 반대하는 입장도 있다. 우선 아동기 성학대 피해자가 매춘을 하는 것은 반복강박에 의한 것이기보다는 생계를 위한 것이라는 연구 결과가 있다. 실제로 조사 대상의 96%가 학대를 피해서 가출을 한 후다른 생계수단이 없어서 매춘부가 되었다고 보고하였다. 또한 아동기 성학대를 당한 피해자의 대다수가 매춘부가 되는 것은 아니라는 점을 지적하기도 한다. 비록 통계자료들은 일부 여성이 반복적으로 희생되는 경향이 있음을 보여주지만, 이러한 반복행위가 정말로 강박적으로 일어나 행위를 하지 않을 때는 불안 등의 증세가 나타나는지에 대한 증거가 없다는 주장도 있다. 또한 성적 학대의 피해자들은 다시 희생되는 것을 바라지 않는다는 점을 들기도 한다. 그들도 마찬가지로 정

상적인 인간관계를 갈구하지만, 불행하게도 많은 경우 그들
의 역기능적 성장환경 때문에 방해를 받는 것이다.

이인증에 대한 가장 최근의 정신역동적 견해에서는 이인증
을 갈등하는 정체감들이 내면화된 것으로 본다. 제이콥슨
Jacobson은, 자아의 바람직하지 않은 부분을 부인함으로써 수
용할 수 없는 정체감들이 방어된다고 했다. 살린Sarlin은, 이인
증은 부모와 겪은 갈등이 아동기에 두 갈등적 측면으로 내면
화되어서 나타나는 것이라고 하였다.

에로우Arlow에 의하면 이인증은 위험한 상황에서 억제된 충
동을 '행동하는 자기'에게 귀인시키는 방어적 수단으로서,
'관찰하는 자기'에 의해 낯선 것으로 경험된다고 했다. 여기
서 위험한 갈등은 자기 안에서 일어나는 것이 아니라 다른 어
떤 낯선 존재 안에서 일어나는 것처럼 느낀다. 위험한 상황에
서 자신을 멀어지게 하려는 이 소망은 아동기 학대의 상황에
서 매우 적절한 것 같다.

그러나 자기심리학적self psychological 관점에서 보면 이인증
은 방어의 형태로 발생하는 것만은 아니며, 일관되고 안정된
자기감을 견고히 하는 데 있어서의 어려움을 반영한 것일 수
있다(Gabbard, 2005).

오랫동안 해리장애에 스트레스가 중요한 역할을 하는 것으
로 간주되었다. 스트레스는 급성이든 만성이든 해리장애에서

극히 현저한 양상이다. 그렇기 때문에 해리장애가 외상후 스트레스 장애의 한 형태로 간주되기도 하였다. 그러나 외상 경험에 비해 스트레스가 해리장애에 미치는 역할에 대해서는 아직 자세하게 밝혀지지 않았다. ◆

2. 피최면성의 성격적 요인

앞서 다중인격 장애 내담자들 중 많은 경우 심각한 아동기 학대, 외상, 결핍의 과거력이 있다는 것을 보았다. 그러나 그런 것이 전혀 없었던 사람들 가운데 다중인격 장애가 되는 사람도 있다는 것은 분명하다. 그렇다면 어떤 사람이 어린 시절 외상이 없어도 스트레스에 반응해서 해리장애를 일으키는 것일까? 블리스Bliss는 다중인격 장애 내담자들이 정상 집단과 다른 정신병 내담자들에 비해 상대적으로 높은 수준의 피최면성을 보인다는 것을 발견하였다. 따라서 피최면성 같은 것이 다중인격 장애나 다른 해리장애의 소인이 되는 요소인지 모른다.

어떤 학자는 다중인격 장애의 소인이 되는 요인으로 타고난 선천적 해리 능력, 평균 이상의 지능과 창의력, 학대받은 과거력 등을 들고 있다. 학대받은 외상적 경험이 있는 경우 아

동은 자신을 방어하기 위한 시도로 그 경험을 자신에게서 해
리시킬 수 있다. 만일 처음 외상과 관련된 외상적 경험이 연속
해서 일어나면 해리된 상태에서 또 다른 성격이 형성될 수 있
다. 흥미롭게도 다중인격 장애 내담자의 가족력에서 해리장
애의 비율이 높다는 임상 보고가 있다. 한 임상 연구에서는 다
중인격 장애가 있는 사람의 부모 대다수가 다중인격 장애를
보였고 아이들에게 학대적이었다고 한다. 해리 상태의 새로
운 인격이나 바뀐 자아는 성공적인 방어적 해리가 강화해주는
가치나 관찰학습을 통해 깊어질 수 있다.

사람들은 정상적으로 발달하는 과정에서 대개 자신에 대한
통합된 감각을 갖게 됨에도 불구하고 다중인격이 될 수 있는
선천적인 경향성을 가지고 있다. 더구나 아이들은 환상과 해
리 성향이 상대적으로 강하다. 특히 심각하고 지속되는 외상
은 자아의 정상 발달을 방해하고, 현실로부터 도피하고, 외상
적 기억을 의식적 자각에서 떨어뜨리고, 자신에 대한 감각을
바꾸기 위한 시도로서 아동이 방어적으로 해리되게 만든다.
그 후에 아동은 상상이나 환상을 통해 해리된 상태 또는 해리
된 자기에 신체적 · 심리적 정체감을 부여한다. 이런 결과로
또 다른 인격이 만들어지는 것이다.

시간이 지나면서 이 새로운 정체감은 아주 정교해지고 경
험과 생각과 행동의 통합자로서 일차적 자기로 바뀌게 된다.

서로 다른 자아들의 수는 서로 다른 종류의 외상 사건의 수와 높게 상관된다. 이는 서로 다른 환경적 요구에 반응하여 서로 다른 정체감들이 정교화되기 때문인 것 같다.

다중인격 장애와 다른 해리장애에 대한 한 연구에서는 다중인격 장애 내담자들에게 해리 경험 점수가 높게 나옴을 발견하였다. 해리경험척도와 피최면성 간의 상관이 약하다는 증거가 나오긴 했지만, 해리경험척도와 몰입 간에는 중요한 상관이 있었다. 이러한 결과들은 어떤 위협에 의해 성격의 특정한 차원이 형성되어, 그것이 피최면성과 몰입을 통해 지속됨을 보여준다. 또 일상적으로 해리 경험을 많이 하는 사람은 스트레스 하에서 병리적 해리에 취약할 소인이 많다는 것을 말해준다.

최면과 기억상실에 대한 연구를 보면, 최면에서 기억상실을 지시하거나 암시하는 경우에도 기억상실이 일어나는 데에는 개인차가 있다. 그러나 다른 연구에 의하면, 다양한 종류의 최면 행동을 보이는 사람들이 기억상실에 걸리는 경우는 드물거나 거의 없었다. 이러한 결과는 피최면성과 기억상실이 그다지 관련이 없음을 시사한다.

해리장애에 대한 이론적 입장을 임상적으로 적용할 경우에는 지나치게 단순화시켜서는 안 된다. 다중인격 장애나 해리성 둔주와 같은 현상은 피암시성, 상상력, 사회적 의사소통 관계 측면을 고려해야 올바르게 이해할 수 있다는 주장도 있다.
또 전환 증상을 보이는 히스테리가 DSM-III 진단 유목에서
없어지면서 단순하게 외상에서 촉발되는 해리장애에 주목했
기 때문에 예전에 히스테리로 진단되었던 내담자들의 성격을
이해하고 치료하는 데에 크게 발전을 이루지 못했다는 지적도
있다. ◆

3. 성격구조의 분리와 성격장벽

프로이트는 해리 현상을 적극적인 심리적 과정으로 설명하였다. 현실이나 양심에 위배되어 불안을 일으키는 심리적 사건은 능동적으로 방어되어 억압된다. 이때 억압된 심리적 사건은 완전하게 행동을 통제하지도 못하고 완전하게 의식되지도 못한다는 것이다.

자네 같은 연구자는 해리성 장애를 '하위의식subconscious'의 개념을 사용하여 설명하는 해리 이론을 주장하였다. 의식에 의해 조절되지 않는 일련의 생각이나 행동 패턴이 존재하며, 해리 현상은 경험, 사고, 행동이 현상적 자각과 수의적 통제 밖에서 일어난다. 각 개인은 유전적으로 일정하게 정해진 양의 에너지를 가지고 여러 심리적 요소를 결합시키는데, 어떤 사람에게는 이러한 신경 에너지가 적어서 스트레스 상황에서 자아구조가 붕괴되어 심리적 요소들이 해리된다고 보았다.

신해리neodissociation 이론에서는 해리 현상을 설명하기 위해 위계적으로 여러 인지통제체계 또는 인지통제구조가 있다고 가정한다. 이들 여러 인지통제체계 사이에는 장벽이 있어서 각 체계의 내용은 각각의 의식 속에서 인식된다. 즉, 어떤 체계의 내용이 한 환경에서는 직접 의식되지 않지만 다른 환경에서는 직접 의식될 수 있다고 주장하였다.

힐가드Hilgard의 신해리 이론에서는 3가지 가정을 하고 있다. 우선, 인지통제구조 2, 3처럼 여러 하위 인지체계를 가정한다. 각 하위체계는 독자적으로 존재하며 독립적인 기능을 가지고 있다. 이들 체계는 서로 상호작용하기도 하지만 종종 고립되기도 한다. 최면 상태와 같은 특별한 환경에서는 각 구조가 서로 해리되기도 한다. 둘째, 위계적 조절장치가 있다고 본다. 예를 들어, 그림에서 인지통제구조 1은 인지통제구조 2, 3보다 위에 위치한다. 이 조절장치는 하위구조들의 상호작용과 경쟁을 조절한다. 셋째, 위계적 구조를 넘어서서 조절하는 구조로서 집행하는 자아가 있다. 집행하는 자아는 상위 단계에 위치해서 인지구조들을 관리하고 통제하여 개인이 적절하게 생각하고 행동할 수 있도록 계획하고 감시하고 관리하는 기능을 한다.

힐가드에 의하면, 외상적 경험을 하면 개인의 하위 인지체계에 변화가 생기고, 이에 따라 기존의 현실 경험과는 다른 독

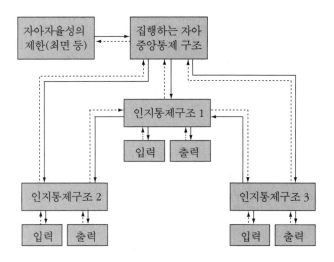

〈신해리 이론의 자아의 위계적 인지통제구조 모형〉

자적인 자기인식, 기억, 행동이 나타나게 된다고 한다. 해리현상에서 인지통제구조 2와 인지통제구조 3은 서로 다른 시기에 활성화된다. 병렬적인 흐름 중 하나가 의식상에 있으면 다른 하나는 의식 밖에 있어야 한다. 그러나 항상 이러한 것은 아니다. 해리의 기억상실 장벽 개념은 의식상의 '분열'이 존재할 수 있다는 점을 시사한다. 즉, 의식의 두 가지 병렬적인 흐름이 함께 존재할 수 있다는 것이다.

최면 상태에서 의식의 분열 상태를 고전적으로 보여주는 현상은 힐가드의 '숨겨진 감시자hidden observer' 현상이다. 제2의 인격은 원래의 인격을 기억하고 있는 경우가 있지만 원래의 인격은 제2의 인격을 기억하지 못한다. 한 사람의 일부분, 즉 숨겨진 감시자는 이 사람의 의식적 부분이 모르는 고통을 알고 있다. 마찬가지로 숨겨진 감시자는 최면에 걸린 사람과 정신적으로 접촉할 수 있는 상태이지만 그 역은 성립하지 않는다. 이러한 해리의 의식-분열 기능은 다중인격 장애의 근거가 되어 왔다.

특수한 경우에 해리는 이른바 아동기 학대에 대한 방어기제와 유사하다. 신체적으로 학대를 피할 수 없는 아동은 심리적으로 자신이 다른 사람이라거나 다른 곳에 있다고 상상함으로써 육체가 학대를 무감하게 수용할 수 있도록 한다. 이처럼 해리를 방어기제로 보는 입장은 기억상실 장벽이 기능적인 역할을 한다는 전제를 가지고 있다. 이런 경우에는 해리와 억압의 구분이 다소 모호해진다.

이인증에 대한 이론에서, 로젠펠트Rosenfeld는 편집적이고 폐쇄적인 상태에서 나오는 기본적인 파괴적 충동과 박해불안에 대한 방어가 이인증을 일으킨다고 했다. 블랭크Blank는 구순기의 격노와 구순기의 박탈에서 나오는 기본적인 불안에 대한 방어로 이인증을 설명했다. 해리 현상은 의식의 분열 또는 분리를 의미한다. 그렇다면 해리dissociation 현상은 분열splitting과 어떻게 다른가?

이는 다중인격 장애 내담자와 경계선 성격장애 내담자가 비슷한지 서로 다른지에 대한 논쟁과 맥을 같이한다. 해리와 분열은 유사한 점과 다른 점을 모두 가지고 있다. 해리와 분열은 모두 마음의 내용이 능동적으로 분열되어 각각 구획을 이루는 특징을 보인다. 또한 이 둘 모두 불유쾌한 경험과 감정을 차단하는 데 방어적으로 사용되며, 원활하고 지속적인 자아감을 형성하는 데 방해가 된다는 공통점을 가지고 있다.

한편, 자아 기능을 방해하는 측면에서는 차이가 있다. 분열에서는 특히 충동조절과 불안이나 좌절에 대한 내성에 장애가 있다. 이와 달리 해리에서는 기억과 의식에 장애가 있다. 결국 해리는 분열보다 더 광범위한 기제로서 단순히 극단적인 정서 상태에 따라 쪼개진 것이 아니라 매우 다양한 분할이 일어난 것이다. 해리에서는 내적인 분할만 일어난 것이 아니라 자기 표상에 상응해서 대상들이 서로 분할되고 자아도 수직적인 분할 방법에 의해 나뉜다.

해리에서 각각의 분신은 하나의 환상의 내적 대상과 관계하면서 하나의 자기를 표방한다. 흔히 2가지 관계가 내적 대상관계에 기초해서 형성될 수 있다. 하나는 무조건적으로 사랑해주는 좋은 부모와의 관계에 있는 안전하고 사랑받는 아동으로서의 자기이고, 다른 하나는 학대하고 또 학대하도록 만드는 부모와의 관계에 있는 희생당하고 신뢰받지 못하고 배신

당하는 아동으로서 자기다. 아동에 따라 분신 중 하나는 자기
의 내적 대상을 대신하고, 다른 하나는 박해하는 내적 부모의
역할을 수행할 수 있다. ◆

4. 통제의 상실

　바우어Bower는 해리에서의 기억상실 장벽 개념을 무시하고 변경된 통제개념을 강조했다. 이것은 힐가드의 최면에 대한 신해리 이론 모델을 개정한 것으로, 바우어는 해리가 높은 수준의 중앙집행적 통제와 관련되기보다는 직접 자동적으로 활성화되는 통제의 하위체계와 관련된다고 보았다. 즉, 힐가드의 이론에서 기억상실과 관련된 해리와 최면 사이의 중요한 연결점을 잘라낸 것이다. 그러면서도 근대적인 정신의 위계적 통제 모델은 계속 유지시킴으로써 해리된 통제에 대한 논의에 초점을 맞추었다.

　인지심리학에서는 모든 의식경험, 사고, 행동은 자기에 대한 표상에 비추어 이루어진다고 본다. 사고, 느낌, 동기 등이 의식화될 때는 작업되고 있는 기억 내에서 자기에 대한 심리 내적 표상이 활성화된 상태이고, 이렇게 활성화된 상태는 사

해리장애에서 기억의 문제

해리성 증상들은 정체성과 자아통합에서의 장애일 뿐만 아니라 기억장애이기도 하다. 즉, 기억의 일부 또는 전부가 의식적 자각으로부터 해리되는 것이다. 그러나 이렇게 해리된 기억은 내담자의 경험, 사고, 행동에 대해 의식을 넘어선 영향을 지속적으로 미친다. 인지심리학에서는 2가지 유형의 지식을 구분한다. 그것은 세상의 본질에 대한 신념과 개인적 경험에 대한 선언적(declarative) 지식 그리고 기술이나 규칙으로 구성된 절차적(procedural) 지식이다.

선언적 지식에는 의미기억(semantic memory)과 일화기억(episodic memory)이 있다. 일화기억 중 외현기억(explicit memory)은 어떤 삽화의 의식적이고 의도적인 회상이나 재인을 의미한다. 하지만 기억에는 개인이 의식할 수 있는 것보다 더 많은 것이 존재한다. 이를 내현기억(implicit memory) 또는 자각없는 기억(memory without awareness)이라고 하는데, 이전의 행동으로 어떻게 하는지는 알지만 어떻게 그렇게 할 수 있는지 설명할 수 없는 것이다. 예를 들어, 자전거 타기를 잘할 수 있지만 그것을 어떻게 타는지 말로 설명하기는 어렵다.

이러한 지식구조의 구분은 해리성 장애에서의 기억손상에 대해 알려진 것을 조직화해준다. 해리성 기억상실에서는 자서전적 기억이 손실되지만, 대부분 절차적 지식과 의미기억을 보유하고 있다. 해리성 둔주에서도 동일한 패턴이 나타난다. 자신에 대한 기억이나 자신의 인생 사건들은 망각하지만, 다른 지식은 보유한다. 둔주 내담자들의 경우, 일화기억의 외현적 표상과 내현적 표상 간 해리를 보인다. 둔주 내담자들은 자신의 정체성과 과거 외상 경험에 대한 외현기억은 없지만, 내현기억의 증거를 보인다.

고, 느낌, 동기 등의 정신표상과 연결된다. 그러나 킬스트롬 Kihlstrom은 여러 정신 과정이 자기와 결합되어 있지 않으면 활동이 일어나더라도 현상적 자각phenomenal awareness 내에서 경험될 수 없기 때문에 해리 증상이 일어나게 된다고 보았다.

이 입장에 따르면, 정신은 이미 많은 병렬적인 단위들을 사이에 두고 깊게 나뉘어 있으며, 고등의식 기능이 이 틈을 연결한다. 의식의 주요 기능은 분리된 기능들을 통합하고 통제하는 것이다. 따라서 해리나 최면과 같은 상태에서 고등의식 기능의 통제 기능이 약해지면 분리되어 있던 정신의 속성이 드러나게 된다. 즉, 정상적인 상태에서는 의식이 통합하고 있었던 하위 수준의 기능들이 활성화된다. 이로 인해 현실감각의 감소 등이 나타나게 된다. 따라서 해리나 최면은 의식이 관장하고 있던 통제 기능의 부분적 상실 또는 손상이라고 보는 것이다.

해리는 통제의 최고 수준인 중앙집행 수준이 의지로 계획하고 제어하고 행동을 조정하는 것을 회피하거나 우회하도록 한다. 최면에서의 암시도 행동을 지배하는 중앙집행 수준의 일상적 위계 통제를 완전히 변경시켜서 특수한 행동이 나오게끔 통제의 하위 하부구조를 활성화시킨다. 그러나 변경된 통제 이론을 특수한 최면 행동에 적용할 때 통제의 하위체계라는 말은 오해의 소지가 있다. 최면의 무통증은 통제의 하위체계가 직접적으로 활성화되었기 때문이라는 주장도 있다. 이 때 기존의 어떤 종류의 통제 하위체계가 통증을 경감시키는 작용을 하는지 궁금하게 된다. 어떤 의미에서는 해리된 통제를 야기하는 것은 최면에 대한 감응을 설명하는 문제에 대한 궁금증을 해소시키기보다 지연시키는 듯하다.

이 입장에서 중앙통제로부터 하위 통제 수준으로 '해리' 시킨다는 것은 무슨 뜻인가? 힐가드는 최면 반응에 대해 "그것이 내담자의 통제에 있다는 느낌이 덜 들수록 정상적인 중앙기능으로부터 더 많이 해리된 것"이라고 보았다. 그러나 킬스트롬은 내담자가 어떻게 보고하든 간에 모든 최면 행동에는 고등한 중앙통제력이 어느 정도는 있다고 보았다. 따라서 이이론이 일종의 순환논리를 채택하고 있다고 비판하는 사람들도 있다.

어떻게 해리된 통제에 대한 이론이 기억상실 현상을 설명할 수 있는가? 이에 대한 해답은 해리된 통제 이론을 정신 기능의 인지적 신경심리학적 모델들과 연관시켜 연구함으로써 도출할 수 있을 것이다. ◆

5. 조건형성과 관찰학습

학습 이론의 입장에서는 해리장애에서 보이는 다중인격이나 기억상실 행동은 학습에 의하여 습득된다고 본다. 이 이론에 의하면, 해리장애는 고통스러운 환경자극을 피하기 위한 것이다. 즉, 불안이나 죄책감을 유발하는 혼란스러운 행동이나 생각을 잊어버리거나 다른 인격으로 바꿈으로써 의식에서 배제시키는 것이다. 이렇게 함으로써 스트레스를 주는 사건으로부터 자신을 보호할 수 있다는 점이 보상으로 작용하고, 불안이나 죄책감에서 벗어나는 것이 강화되어 해리장애 행동이 지속된다. 즉, 해리성 장애는 학습된 대처반응으로, 보상을 얻거나 스트레스를 경감시키기 위해서 산출된 증상으로 설명할 수 있다.

이런 해리장애 행동은 관찰학습과 강화에 의해 학습되는 것으로 이해할 수 있다. 다른 사람의 성격을 모방함으로써 의식적으로 감당하기 어려운 책임에서 면제받을 수 있고, 다른 사람의 주의를 끌어 욕구를 발산할 수도 있는 것이다. 평소 개인이 지닌 여러 행동경향성이 혐오적 환경을 피하거나 보상을 얻고자 하는 상황에서 때로는 효과가 없기 때문에, 이러한 경우에 개인은 제2의 위계반응이 활성화되면서 평소와는 아주 다른 방식으로 행동할 수 있는 것이다. 예를 들어, 평소에는 수동적이었던 사람이 어떤 상황에서 제2 위계가 활동하게 되면 공격적인 사람이 되는 것이다. 이런 역할을 하는 것은 의도적이거나 꾸민 것은 아니며, 그런 연기에 몰두하게 되는 것이다.

사람들은 과도한 외상을 경험하면 자기를 보호하기 위해 방어하는 경향이 있다. 여기에는 인지적 방어가 포함되는데, 위협적인 경험이 의식으로 들어오는 것을 왜곡하고 차단하거나 효과를 최소화한다. 이를 위한 방어기제로는 억압, 거부, 억제, 해리 등이 있다. 이 중 해리개념이 외상성 기억을 설명하는 데 가장 적합하다고 간주되어 왔다.

해리는 다양한 외상성 경험에 대한 자연스러운 방어기제로서 아동기 학대, 전쟁, 폭력적 죽음의 목격 등 다양한 외상성 경험에 적용된다. 외상적인 경험을 당할 때 해리는 현실의 억압으로부터 탈출하게 하고, 외상성 경험과 그 영향을 의식 바깥으로 묶어두며, 외상을 변형시키거나 일탈하게 하고, 고통을 느끼지 않게 하는 기능을 한다.

고통스러운 경험을 의식으로부터 차단함으로써 그 영향을 지운 채로 생활을 지속하는 행위는 어떤 면에서는 적응적이라고 할 수 있다. 그러나 지속적으로 해리에 의존하는 것은 부적응이며 다시 피해자로 희생될 수도 있다. 많은 연구자는 아동기 외상을 해리로 방어하는 사람들은 성인기의 경험에 대해서도 해리를 반복해서 사용하는 경향이 있다고 지적한다. 아동기 성학대 전력이 있는 성인 여성들 가운데 해리 등의 인지적 방어에 의존하는 경향이 있는 사람들은 일반적으로 위험을 알려주는 불안감을 인지하는 능력 등이 부족하기 때문에 다시 성추행이나 강간의 희생이 반복되는 경향이 있다.

성추행이나 강간을 피하는 방법은 위험신호를 제대로 파악해서 대처하거나 도피하는 것이다. 이 경우 위험신호를 파악할 수 있는 직관이 중요해진다. 그러나 연구들에서 보면, 피해자들은 공통적으로 '위험 징후를 제대로 포착하지 못했다'는 반응을 보였다. 이들은 위험 상황에서도 심각성을 평가절하하는 경향이 있었다. 이 주장에 따르면, 의식에서 사라진 경험들의 자리를 대신하는 것은 왜곡된 상황인식이며, 경우에 따라서 오히려 위험한 상황을 편안한 것으로 오인하게 만든다고 한다.

반복적으로 희생되는 상황을 야기하는 반복강박을 정보처

진짜 기억과 가짜 기억의 변별

아동 성추행 문제는 우리 사회에도 심심치 않게 드러나고 있다. 그런데 막상 성추행을 한 당사자인 성인은 그런 일이 없다고 부인하는 경우가 많다. 물증도 없고, 증인도 없고, 증거는 아동의 진술뿐일 때 우리는 그 사실을 믿어야 하는가? 아니면 아이가 지어낸 말이라고 생각할 수 있나?

1992년 어떤 사람은 꿈을 통해 자신이 1968년 여름 캠프에서 캠프 지도자에게 성추행당한 기억을 되살렸다. 수십 년이 흘렀지만 그 당시 캠프 지도자는 성추행 사실을 인정했고, 그 사실을 뒷받침하는 증인들도 나타났다.

그러나 다른 경우도 있다. F라는 사람은 1989년 자기 딸이 어떤 자세를 취한 것을 보고, 자기 친구가 1969년 똑같은 자세로 살해당했던 사실을 기억해냈다. 당시 친구를 살해한 사람은 F의 아버지였고, 친구를 살해하는 장면을 자신이 목격했다고 주장했다. 이에 따라 F의 아버지는 유죄판결을 받았다. 그런데 이후 F의 기억이 만들어낸 것이고, 증거가 없다는 이유로 판결은 번복되었다.

진짜 기억과 진짜 일어났다고 생각하지만 실제로는 일어나지 않은 일에 대한 믿음, 즉 가짜 기억을 어떻게 구별할 수 있는가? 미국 하버드 대학교의 심리학자 섹터(Daniel L. Schacter)는 실험을 통해 실제로 귀로 들은 내용을 회상해내는 두뇌상태와 들었다고 생각하는 내용을 회상해내는 두뇌상태를 PET로 촬영했다. 진짜 기억에서는 해마상 융기에 혈액이 증가하고, 왼쪽 귀 뒤의 상부 측두엽에 위치한 음성 정보처리센터의 활동도 활발했다. 그러나 가짜 기억에서는 해마상 융기가 활동했지만, 상부 측두엽 활동은 없었다. 이 같은 생물심리학 연구와 측정은 앞으로 기억 연구 발전에 기여할 것이다.

리 개념으로 해석하려는 시도도 있다. 호로비츠Mardi J Horowitz
는 반복행위나 반복적인 사고는 스트레스에 대한 정상적인 반
응이라고 하였다. 활성화된 기억저장은 본질적으로 반복 성
향을 띠며, 스트레스성 자극은 인지 과정이 종료될 때까지 계
속 반복된다. 이때 기억이 완전히 인지도식에 흡수되지 못하
면 반복적이고 침투적으로 재경험된다. 이것은 기억뿐만 아
니라 행동이나 정동에서도 같은 효과를 유발한다.

해리 작용이 재희생의 주요 요소가 되는가에 대한 연구가
해리경험척도DES, 아동기 학대 외상척도CAT, 벡의 우울증검사
BDI 등을 통해서 대단위로 이루어졌다. 그 결과, 아동기의 학
대 경험이 우울증과 해리 및 부정적 인생 경험과 밀접하게 관
련되어 있음이 밝혀졌다. 흥미로운 사실은 아동기 학대 경험
이 우울증과 해리를 증가시켰음에도 불구하고 재희생에는 해
리만이 관계하였다는 것이다. 반면에 대인관계 문제에는 우
울증이 관련되었다. 해리에 의존하면 경험 자체에서 일탈하
기 때문에 피해자들은 과거 경험으로부터 학습하지 못하고 상
황에 올바르게 대처하지 못한다. 하지만 여전히 더 많은 객관
적인 자료가 확보되어야 하며, 해리 자체가 기억상실이나 환
각, 이인증 등 여러 요소의 복합체이기 때문에 그중 어떤 요소
가 어떤 역할을 하는지에 대한 연구는 계속되어야 한다.

성적 학대의 피해자들은 대부분 심각한 대인관계 문제를

지니기 때문에 이런 대인관계의 문제점들이 재희생화에 한몫을 하고 있을 수도 있다. 학대에 의해서 발생하는 대인관계 문제로는 외상성 성정체성 형성, 배신감, 무력감, 오명 등을 들 수 있다.

외상적인 성경험을 겪은 아동은 성정체성이 부적절하고 대인관계에서 역기능적인 방향으로 형성되기 쉽다. 성적 행위에 대해 보상을 받은 아동은 타인의 관심, 사랑, 이득 등 일반적인 부모-자식 관계에서 무조건적으로 주어지는 것들이 자신의 성을 대가로 얻게 된 것이라고 믿게 된다. 성을 타인을 통제하는 수단으로 학습하는 것이다.

임상 현장에서 흔히 아동기 성학대 피해자들이 종종 또래나 어른들과 부적절하며 반복적인 성적 유희를 가지는 것을 관찰할 수 있다. 불행하게도, 이런 행위를 하는 피해자들은 스스로를 다시 희생양으로 만드는 위험에 처하게 된다. 미국에서 여대생을 대상으로 성적 공격 피해 경향성에 관한 조사를 했는데, 아동기에 성적 학대 전력이 있는 사람들에게서 피해를 입을 경향성이 높게 나타났다.

아동기 성학대 피해자들은 자신의 보호자가 자신에게 위해를 가했다는 사실을 깨달으면 큰 배신감을 느낀다. 그리고 이것은 결과적으로 대인관계에서의 신뢰감을 회복하려는 강력한 욕구로 발전하게 된다. 이러한 성향은 아동기에는 극단적인 의존 성향으로 나타나고 성인기에는 '타인의 신뢰성에 대한 손상된 인식'으로 나타난다. 근친상간 피해 성인 여성들이 주변 환경의 위험신호들을 식별하는 데 문제가 있다는 것은 앞에서도 논의하였다. 또한 학대 경험 당시의 무력감은 자신이 상황을 헤쳐나가는 능력에 대한 불신으로 발전한다. 이들은 위협적인 대인관계 상황에 부딪히면 학습된 무기력증에 빠지고 상황에 대한 통제를 포기할 수 있다.

오명은 학대의 결과 자기인식이 부정적으로 각인되면서 일어난다. 비밀을 누설하지 말아야 할 것 같은 압박감, 근친상간의 금기시 등 여러 요소가 피해자에게 죄책감을 키운다. 죄책감이 계속 축적되면 성인이 되어서 자기존중감이 상실되고, 통찰력이 결여되며, 의사소통 능력이 부족해진다.

이 문제를 초기의 부모-자식의 애착관계와 관련시키는 연구자들도 있다. 아동기의 부모와의 애착관계는 성장 후 사회적 애착 및 스트레스 상황 극복 능력과 밀접하게 관련된다. 아동이 원시적인 대처 방법, 예를 들어 해리 등에 의존하게 되면 신체적 이상 상태를 경험하게 된다. 아동기 성학대 피해자들은 해결되지 않은 아동기의 스트레스 자극이 일으키는 갈등에 대해서 '긴장감소 행동'을 하는 경향이 있다. 이후의 스트레스 상황들을 해결해야 할 상황으로 파악하고 대처하기보다는 알코올 및 마약에 빠지거나, 심한 경우 자해를 하기도 한다.

이러한 대처는 단기적으로는 정신적 안정을 찾아주지만 장기적으로는 자기파괴적이다. ◆

6. 신경심리학적 모델

오늘날 기억의 저장과 회상에서의 신경해부학적·신경생물학적 그리고 신경생화학적 과정들이 점차 밝혀지면서 해리성 기억상실에 대해 더 잘 이해하게 되었다. 단기기억과 장기기억 사이의 구분, 학습에 있어 해마의 중심적 역할, 신경전달물질체계의 역할이 주로 연구되었으며, 상당 부분 성과가 보였다.

어떤 생물심리학자는 내현기억implicit memory과 외현기억explicit memory에 대한 신경심리학적 연구 결과를 토대로 해리장애를 설명하고자 한다. 정신활동은 의식자각체계conscious awareness system: CAS에 의해 의식되며 이 체계는 지각, 기억, 언어 등을 조직하는 시스템들과 상호작용한다. 그런데 의식자각체계에 손상이 생기거나, 각각의 시스템은 잘 기능하지만 다른 시스템과의 연결에 손상이 생길 경우에 해리 증상을 일으킬 수 있다는 것이다.

각성이 높아지는 국면이 학습과 기억에 관련될 것이라는 입장에서는 상태의존적인state-dependent 학습을 외상적 해리와 치료적 최면에 비유했다. 학습에 대한 관찰 중 하나는 학습이 종종 상태의존적이라는 것을 보여준다. 특별한 행동, 약물중독 상태, 신경생화학적 상태, 특정한 신체적 상태 동안에 학습되고 경험되는 정보는 원래의 상태를 재경험하는 동안 보다 쉽게 회상된다. 상태의존적 학습 이론을 해리성 기억상실에 적용하면 다음과 같이 설명할 수 있다.

고통스러운 사건 당시의 감정 상태는 너무나 예상 밖이어서 그러한 상태에서 학습되었던 정보들을 기억하기는 어렵다. 즉, 해리성 기억상실 내담자들은 고통스럽고 상처받은 사건의 기억을 회상하지 못하게 되는 것이다. 침투적 기억, 감정, 환각의 재현 등은 정보의 상태에 국한된 정보라서 일상적인 상태에서는 일어나지 않지만 각성이 위험수위에 도달할 때마다 방출된다. 이것은 외상후 스트레스 장애처럼 외상 경험 후 특정 시기의 침투적 이미지와 생생한 감정을 설명할 수 있다. 그리고 이후 시간에도 비슷한 방식으로 나타날 수 있다.

심리학적 모델과 생물학적 모델을 통합하는 접근법은 해리의 본질을 더 잘 이해할 수 있게 해준다. 그러나 해리장애와 뇌 기능을 직접적으로 관련시켜 진행한 연구는 드문 편이다.

기존에 진행된 연구는 2가지 흐름으로 나뉜다. 하나는 외상후 스트레스 장애에 대한 심리생리학적 연구로, 뇌가 심리적 외상에 적응하는 방식을 이해하는 것으로부터 시작되었다. 또 하나는 측두엽 간질과 해리 사이의 유사성과 차이점에 대한 임상적 연구다.

최근의 외상후 스트레스 장애 연구에서는 정보처리 모델을 강조하여, 외상을 당한 후에도 사람들은 외상 경험을 기존의 자기와 세계에 대한 모델에 통합시키고 동화시키려 한다고 본다. 생물정보 이론에서는 외상 경험이 정서와 관련된 기억망을 형성하여 흥분의 역치를 변경하고 외상과 관련된 단서에 대한 각성을 증가시킨다고 설명한다. 외상후 스트레스 장애의 증상인 각성, 취약성과 통제력 상실에 대한 감응, 침투적 사고, 환각의 재현 및 악몽 등은 원래의 외상과 비슷한 자극에 의해 기억구조가 활성화되어 생성된다. 원래의 외상 자극과 비슷한 자극에 대한 각성이 높아지면서, 침투적 이미지가 생기는 시기 동안 회피기제가 자극되고 해리기제가 동원되어 정서적이고 인지적인 의식이 증발되는 것은 고통을 줄이는 일시적인 방책이 된다.

통합은 재경험이 일어나는 침투단계와 자기보호적이고 무딘 기제가 활성화되는 회피단계가 교차되며 경험될 때 나타난다. 심리생물학적 연구들은 이러한 2단계와 그것들이 해리와

의 관계에서 가지는 의미를 밝히려 하고 있다. 한 연구에서 6
명의 피험자를 최면으로 유도해서 사건에 대한 외상적 심상을
떠올리게 했을 때, 이들의 좌측 뇌반구의 전기자극반응이 증
가하였다. 이것은 우반구 활동성이 증가했음을 의미한다. 반
면에 정서적 둔마는 좌측에 대한 전기자극반응을 감소시켰다.
이는 외상후 스트레스 장애에서 나타나는 이 2단계에서 뇌반
구의 활성화가 다르게 나타난다는 것을 시사하는 것으로 두
국면이 교체됨을 설명해준다. 이러한 반복되는 순환의 궁극
적인 목적은 외상으로부터 생기는 고통을 줄이고 새로운 평형
상태에 도달하는 것이다. 정서적 둔마, 기억상실, 회피, 해리
등은 외상과 이후에 외상을 재경험하는 것 모두의 결과를 조
정하려는 시도다.

해리와 이에 수반되는 기억상실, 지각의 교체, 인지양식,
행동 등은 외상의 화해를 위해 이러한 2가지 양극단, 즉 외상
적 심상이 활성화되는 침투단계와 정서적 둔마가 나타나는
회피단계 사이에서 중재적이고 과도기적인 단계이자 방어기
제로서 자리매김된다. 이런 의미에서 해리는 강하고 경쟁적
인 감정가를 가지는 2단계의 심상이 짧은 순간에 뇌에 연결될
때 해상도를 높이기 위한 중재 단계로서 순간적이고 불안정
한 단계를 거치는 것과 유사하다.

이렇게 주의와 학습에 영향을 미치는 조율 기능은 측두엽

과 변연계를 연결하는 경로에 의해 중재된다. 특히 어떤 학자는 해마와 편도핵은 맥락단서에 고도로 반응하며 진행 중인 학습에 의해 교체된다고 보았다.

이러한 생물심리학적 연구에서 EEG 기술이 가장 고도로 사용되는 분야는 사건관련 전위event related potential: ERP에 대한 연구일 것이다. 이 연구는 청각이나 시각적 자극이 EEG에서의 유발전위로 사용된다. 이러한 특수한 패턴은 뇌에서의 시간과 관련된 변화가 특정 사건에 대해 반응성을 가짐을 보여주며, 주의가 집중되는 방식, 감각의 경로들이 정보를 전달하는 방식, 새 정보에 따라 반응이 변하는 방식 등에 대해 시사하는 바가 크다. 또한 EEG 패턴을 통해 인지적 자원이 어떻게 할당되는지를 알 수 있고, 유발전위가 특정 자극에 대해 특수하게 반응한다는 것을 알 수 있다. ◆

해리장애를 어떻게
치료할 것인가

3

1. 해리장애 치료의 개관

해리장애의 치료에 있어서도 가장 주목을 받은 장애는 과거 다중인격 장애, 즉 해리성 정체감 장애다. 이를 제외하고는 다른 해리성 장애의 치료에 대한 문헌은 거의 없는 셈이다. 그러나 해리성 정체감 장애가 실재하는지에 대해서조차 전문가들도 상반된 의견을 가지고 있다.

K 씨는 26세의 여성으로, 해리성 정체감 장애 내담자다. 그녀가 입원할 때 치료자는 그녀에게 과거의 외상적인 기억을 없애는 데 격리실이 안전함을 몇 시간 동안이나 설득해야 했다. 해리 병동에 입원한 K 씨는 자신이 과거에 광신적인 종교집단의 학대 대상이 되었다는 무서운 이야기를 꺼냈다. 그녀는 자신이 낳은 아이를 신자들이 죽였다고 하였다. 그러나 산부인과 진찰 결과 K 씨는 아이를 낳은 적이 없는

것으로 나타났다.

의사는 치료자에게 이러한 사실을 전해주었지만, 치료자는 산부인과 검사 결과는 중요한 것이 아니며 K 씨의 말을 믿는 것이 아주 중요하다고 이야기하였다. 만일 치료자가 그녀를 믿지 못한다면 그녀가 학대받은 이야기를 어른들이 믿어주지 않을 때와 같은 외상이 반복될 뿐이라고 주장하였다.

치료자는 일주일에 5~6시간 동안 지속적으로 K 씨를 면담했다. 수개월 동안 치료비를 요구하지 않았기 때문에 치료비가 많이 밀려있었다. 그는 또 K 씨에게 함께 치료에 대한 책을 쓰자고 이야기하기도 했다. 결국 K 씨는 1년간 심리치료를 받았지만 차도를 보이지 않았고 자해 사고를 일으켜 병원을 옮기게 되었다.

외관상 터무니없어 보이는 이 이야기는 해리성 정체감 장애 내담자의 치료에서 그리 드문 일이 아니다. 어떤 치료자는 실제로 광신적인 종교집단에서의 학대행위가 흔한 현상이라 주장한다. 그런가 하면 아직 해리성 정체감 장애가 진정한 정신질환임을 믿지 않는 정신건강 전문가들도 있다. 증거가 없음에도 불구하고 치료를 오용하여 잘못된 기억들을 만들어낸다고 우려하는 사람도 있다.

해리성 정체감 장애 내담자의 치료 연구에 의하면, 치료자의 절반 이상이 동료들 가운데 심각한 회의주의와 만나게 되며, 때로는 치료에 방해를 받기도 한다고 하였다. 병동장이 회의적일 경우는 치료자가 해리성 정체감 장애 내담자를 입원시키는 것을 반대하기도 한다. 내담자가 일단 입원을 하더라도 회의적인 치료진들은 이런 내담자들을 해리성 정체감 장애로 대하지 않도록 해야 한다고 주장한다. 또 해리성 정체감 장애 내담자에게 치료자가 오진하는 일이 잦다고 이야기해주는 경우도 있다고 한다.

다른 한편, 어떤 치료자는 해리성 정체감 장애 내담자들이 이야기하는 것이면 그것이 아무리 이상한 이야기라고 하더라도 아무런 비판 없이 다 믿어버린다. 이런 치료자들은 내담자들이 외상적 기억을 털어내면 건강하게 잘 지낼 것이라는 순진한 기대를 가진다. 또 내담자에게 애정을 쏟음으로써 회복하도록 도우려 한다. 이러한 태도는 내담자의 원래 부모보다 더 나은 부모가 되고자 하는 것이다. 앞서 제시한 사례에서처럼 이들은 이 장애에 완전히 매혹되어 직업적인 경계마저 잊어버리게 될 수 있다.

치료자는 해리장애 내담자를 대하면서 중립적인 입장을 유지하도록 노력해야 한다. 그렇게 해야 아동학대가 실제로 있었는지를 알아낼 수 있다. 한편, 이런 아동학대가 광신적인 종교집단에서도 일어날 수 있다는 사실을 인정하여야 하고, 실제로는 없는 사건일 가능성도 있다는 건강한 회의론도 받아들일 수 있어야 한다. 이 질환을 지닌 내담자는 피암시성이 높기 때문에 치료자가 기대하고 있다고 생각되는 자료를 만들어내기 쉽다. 그 결과 치료 장면에서 내담자는 새로운 분신을 창조하여 이름을 짓고 싶어 하고, 기존보다 더 정교하고 자율적인 기능을 부여하고 싶어 한다. 그렇다고 치료자가 분신을 무시하거나 없애라고 요구하는 것도 효과적이지 않으며, 특정 분신을 더 선호하거나 더 싫어하는 태도를 갖는 것도 좋지 않다.

해리장애 치료의 시작은 내담자가 자신의 진단을 받아들이고 치료에 참여하는 것이다. 해리성 정체감 장애에서 주로 적용되고 가장 효과가 있는 것은 심리치료다. 심리치료는 정신분석, 인지행동치료 등 그 접근법에 따라 다양한 기법과 방향이 제시될 수 있지만, 해리성 정체감 장애 치료의 최종 목표는 분신들 간의 통합이다. 그러나 치료 목표를 세울 때는 다른 심리장애 유무, 외상 경험 여부, 안전 문제 등을 함께 고려해야 한다. 국제해리장애협회International Society for the Study of Dissociation: ISSD는 해리성 정체감 장애의 치료 가이드라인을 다음과 같이 제시했다(Issd, 2005). ① 안정화 및 증상 감소 ② 외상 기억에 대한 직접적이고 깊이 있는 작업 그리고 ③ 정체성 통합이다. 외상이 다루어질 때 강렬한 감정을 경험할 수 있기 때문에 대화로 이루어지는 심리치료의 특성상 위험한 행동을 자제하고 충동을 통제할 수 있는 것이 우선되어야 한다. 이때 약물치료가 병행되기도 하는데, 항불안제나 항우울제가 일반적이며 악몽이나 자해 행동에 대한 약물이 처방되기도 한다.

어떤 해리성 정체감 장애 내담자들은 인격을 통합시키기를 원치 않을 수 있다. 만성적인 이인증 같은 경우도 대개 치료의 필요성을 별로 느끼지 않는다. 무엇보다 해리장애의 진단이 질병의 딱지를 붙이는 것이 아니라, 해리장애가 그들에게는 생존을 위한 도구였음을 이해해야 한다. 분신을 만든 것이 외상을 대체하기 위한 내담자의 방어책이므로, 치료자는 이를 억지로 제거하려 하기보다 분신들 간의 관계를 알고 직접 소통하도록 해서 분신들이 협조적으로 기능하는 것을 우선 목표로 해야 한다. 또 내적 체계의 일부로서 각 분신을 인정하고 동등하게 대해야 한다.

심리치료에서는 기본적으로 치료자와 내담자 간의 치료적 관계가 중요한데, 해리성 정체감 장애에서는 다른 인격들도 치료에 참여할 수 있도록 다른 인격과의 관계 역시 중요하다. 내담자에게는 분신들의 행동이나 생각을 자각하도록 하고, 분신들 간의 기억상실이 있다 하더라도 이 모든 분신의 행동에 대한 책임을 받아들이도록 해야 한다. 그러고 나서 기본 갈등에 직면하도록 한다. 해리는 부정적인 자극에 대한 방어기

제로 일어나는 것이므로, 내면의 목소리들 간, 또는 분신들 간
의 갈등을 인식하고 직면해야 한다.

해리성 기억상실과 둔주를 치료하는 데는 상실된 기억을 회
복시키는 것이 우선 초점이 된다. 대부분의 해리성 기억상실과
둔주는 자발적으로 해결된다. 때로는 내담자 스스로 회복이 가
능하고, 가족이나 친구와의 접촉에 의해 회복이 촉진되기도 한
다. 심리치료에서 이루어지는 자유연상이나 꿈의 보고를 통해
회상되기도 한다. 진정제 종류인 아미탈amytal을 투여하고 면담
을 하기도 한다. 약물 투여에는 향정신성 약물이 처방되기도
하고, 작용 기간이 짧은 바비튜레이트barbiturate 정맥주사가 응
급조치로 사용될 수도 있다. 최면술을 사용하기도 한다.

기억을 회복시킨 후라도 관련된 문제를 해결하기 위해서는
심리치료가 지속되어야 한다. 외상을 다시 다룸으로써 고통
을 경감시키고 해리된 외상이 일반적인 기억이 되도록 해주
어야 한다. 외상을 단지 기억하는 것만으로는 불충분하고, 외
상적인 사건을 생생하게 재경험함으로써 감정을 정화시켜야
한다.

급성 외상성 해리반응에 대한 치료에 있어서는 외상적 기
억이 돌아온 후 이전에 이미 확립되었던 자기개념과 외상적
자기를 통합하는 데 어려움이 있다는 것을 반드시 고려해야
한다. 따라서 이미 가지고 있는 자기에 대한 관점이 외상적 자

기에 의하여 압도당하지 않으면서 외상적 기억을 천천히 동화시켜 통합해나갈 수 있도록 조심스럽게 움직여야 한다. 이때 외상을 기억하는 것이 재외상이 되지 않도록 하여야 하며, 내담자가 심각한 외상을 받고 있던 동안 경험하였던 철저한 무력감을 피하기 위해서 자신의 기억을 계속 제어하려는 것을 허용해야 한다.

해리가 해결되기 위해서는 궁극적으로 외상에 직면해야만 하며, 따라서 치료자는 내담자가 다룰 수 있는 만큼의 외상에 노출되도록 수준을 적절히 조절해야 한다. 또한 외상으로 인한 모욕감과 관련되는 죄의식이나 수치심을 대면하지 않으면 안 된다. 내담자들은 자기가 다르게 행동했더라면 상황을 제어할 수 있었을 것이라는 환상을 가짐으로써 무력감과 싸우기도 한다. 더불어 분노와 애도 작업도 필요하다.

여기서 어려운 치료 과정을 동행하면서 내담자의 혼란을 버텨주며 안정된 관계를 유지할 수 있는 치료자의 역량이 중요하다. 인지행동치료처럼 증상을 위주로 하는 치료 접근법은 증상이 완화되면 치료가 종결된다. 반면, 정신분석처럼 증상보다 심리내적 갈등을 중요시하는 접근법은 해리성 정체감장애 증상이 완화되면서 해리를 일으키는 자신의 내적 무의식적 동기를 다루기도 한다. 또 내담자가 안정되면 집단 심리치료를 병행할 수도 있다. 집단치료는 고립감을 줄이고 사회적 지지 자원을 찾는 데 도움이 될 수 있고, 집단 경험 안에서 다른 사람을 관찰할 수 있으며, 자신도 좋아질 수 있다는 희망을 갖게 한다.

1) 심리치료

심리치료 작업에서는 정기적인 만남을 갖는데, 대개 주 1회 50분 만난다. 치료자의 이론적 기반에 따라 상담 회기와 기간이 상이할 수 있다. 정신역동적 접근은 일주일에 2회씩 적어도 2~3년 동안 집중적인 치료가 필요하다. 많은 치료자는 해리장애 내담자를 3~5년 동안 치료했다고 보고하고 있고, 그보다 오랜 기간을 치료한 경우도 많다고 한다. 해리장애 또는 해리성 정체감 장애를 귀신들린 것으로 오인하여 굿이나 구마식 등을 행하기도 하는데, 전문가들은 이를 효과적인 치료 행위로 간주하기는 어렵다고 본다. 그러나 내담자가 종교적 신념으로 이러한 의식을 믿고 따를 때는 도움이 되기도 한다. 내담자가 종교 의식을 강력하게 원하는데 치료자가 무조건 반대하면 내담자와의 관계가 나빠질 수도 있다.

해리장애 치료에 흔히 나타나는 특징과 치료 시 유의할 점은 다음과 같다.

첫째, 해리장애 내담자와의 만남의 목적이 치료라는 점을 잊지 말아야 한다. 해리장애를 치료할 때는 이차적 이득이 내담자나 치료자에게 있을 수 있다. 이차적인 이득이란 병이나 장애가 다른 목적을 충족시키기 위해 사용되고, 이 때문에 병이나 장애가 지속되는 것을 말한다. 예를 들면, 해리처럼 드물고 이상한 장애에 치료자가 관심을 보이는 것에 내담자가 만족을 느낄 수 있다. 또한 치료자가 다른 인격들에 흥미를 보이거나 기대를 함으로써 내담자가 다른 인격들을 만들어낼 수 있는데, 이렇게 되면 이로 인해 상태가 더욱 악화된다.

둘째, 해리성 정체감 장애만큼 강렬한 역전이 반응을 나타내는 질환도 별로 없다. 이러한 역전이 반응은 치료에 심각한 장애가 될 수 있다. 역전이란 내담자의 전이에 대한 치료자의 감정, 즉 내담자의 전이와 짝을 이루는 치료자의 반응이다. 정신분석 초기에 프로이트는 치료자가 내담자에 대해 감정을 갖는 것이 치료에 장애가 되므로 치료자는 이를 인식하고 극복해야 한다고 했다. 치료자가 자신의 문제를 잘 알지 못하고, 치료자의 개인적인 문제가 치료 장면에서 내담자에게 느끼는 감정에 투사되어 전이된다면 치료는 곤궁에 빠질 것이다.

그러나 이러한 고전적인 입장과는 달리 현대 정신분석학자들은 치료자의 역전이가 병리적인 것이 아니라 치료 과정에서 필요불가결한 부분이라고 보기도 한다. 이럴 때의 역전이란 내담자에 대한 치료자의 감정과 치료자의 의식적 · 무의식적

반응을 모두 포함한다. 또 치료자가 내담자에 대해 느끼는 감정과 반응은 내담자를 이해하는 데 치료적으로 활용될 수 있다고 본다. 해리장애 내담자의 통합되지 않고 종종 비협력적인 인격은 치료자에게 지나치게 요구적이고 치료자를 좌절시킬 때가 있다. 또 내담자의 분노, 공격성 등은 무엇보다 치료자를 힘들게 하고, 치료자는 내담자의 치료에 대해 신뢰와 회의가 교차하게 된다. 따라서 치료의 범위를 설정하고 그 한계를 지키는 것이 중요하다.

치료의 한계에 대해서는 치료 초기에 설명해주어야 한다. 여기에 속하는 주제로는 상담 회기와 시간, 상담료 지불 시기 및 방법, 낮병동이나 입원 등 내담자가 이용할 수 있는 서비스, 비밀보장과 언제 어떤 문제가 있을 때 내담자가 말한 내용의 비밀을 지킬 수 없는지 그 한계, 내담자의 보호자나 기타 내담자에게 중요한 사람을 만나는 경우 내담자에게 사전에 동의를 구한다는 것, 상담 시간 외에 상담자와 연락을 원할 경우 언제 얼마나 가능한지, 어떻게 연락할지, 신체적인 접촉은 하지 않으며 충동을 행동으로 표출하거나 자기파괴적인 행동을 삼가고 언어로 표현해 줄 것 등이다. 전문가에게는 상식에 속하는 일이지만, 내담자와 치료실 밖에서 사적인 만남을 갖는 것은 좋지 않다.

셋째, 내담자의 높은 피암시성으로 인해 작화, 즉 만든 이야기를 기억으로 통합시킬 수 있다. 해리성 정체감 장애 내담자들은 최면에 걸리기 매우 쉽다. 따라서 치료자의 미묘한 암시에도 내담자가 쉽게 다른 인격을 만들어낼 수 있으므로 치료자가 이를 유도하지 않도록 조심해야 한다. 특히 최면을 적용할 경우 최면 도중에 해리성 정체감 장애가 유발되지 않도록 특별한 주의가 필요하다. 이런 경우 내담자는 스스로 또는 암시에 의해 만들어낸 이야기를 진짜 기억으로 착각할 수 있다. 만일 치료자가 심각한 아동기 외상이 장애를 일으켰다고 가정한다면, 이것은 최면에 잘 걸리는 해리성 정체감 장애 내담자에게 특별한 문제가 될 수 있다.

(1) 통찰치료 대 지지치료

임상 실제에서는 치료적 접근을 크게 통찰지향적인 접근과 지지적인 접근의 2가지 관점에서 생각할 수 있다. 통찰적인 접근에서는 방어기제를 분석하고 무의식에 억압된 역동적인 자료를 찾으려 한다. 반면에 지지적인 접근은 무의식적 갈등을 억제하고 방어를 보강하는 것을 목적으로 한다. 치료자가 어떤 접근을 선택할지는 무엇보다 내담자의 심리구조 진단에 기초해야 한다. 대개 구조가 강한 내담자에게는 통찰지향적 접근을 하고, 구조가 약한 내담자에게는 지지적인 접근을 한다.

그러나 통찰/표현 대 지지 치료는 상반되는 것이 아니라 연속선상에 있다. 장기치료에서 내담자가 퇴행할 경우에는 지지적인 접근을 해야 하고, 구조가 약한 내담자도 구조가 강해지면서 역동적인 자료를 다룰 수 있다. 따라서 이 두 접근은 그때그때 상황에 맞게 적용할 수 있어야 한다. 또 치료자는 매 시간 기법을 적용할 때도 통찰적인 기법을 쓸 것인지 지지적인 기법을 쓸 것인지를 결정해야 한다.

(2) 통찰치료

해리장애를 치료하는 데 있어서도 외상에 대한 작업을 할 것인지를 결정하는 것이 중요한 문제의 하나다. 통찰적으로 외상을 작업하는 데는 다음과 같은 기준을 따라야 한다.

- 내담자의 자발적인 협조가 가장 중요하다. 치료자가 강요만 해서는 이런 어려운 작업이 이루어질 수 없다. 만일 억지로 다루게 된다면 내담자 편에서는 외상적인 일이 반복되는 것이 될 수 있다.
- 내담자에게 올바른 동기가 있어야 한다. 내담자의 동기가 그저 외상을 몰아내려고만 하거나 치료자를 기쁘게 하려는 것이라면, 이는 올바른 동기라고 할 수 없다. 외상을 다루려는 동기가 없는 경우에는 대부분 자신의 상처를 보는 것을 두려워하고, 이를 다루게 되면 죽을 것처

럼 생각하거나 끝장난다고 생각하기도 한다. 올바른 동기
는 이 작업이 어려울 수 있음을 알지만, 외상을 작업하는
것이 과거로부터 자유로워지는 것임을 이해하는 것이다.

- 내담자의 현재 삶의 환경이 외상 작업을 다룰 수 있을 정
도로 안정되어 있어야 한다. 내담자에게 심한 스트레스
가 있는지, 주위에 내담자를 지지해줄 사람이 있는지 평
가해서 내담자가 스트레스가 심하거나 위기 상황일 때는
외상 작업을 시작하지 않는 것이 좋다.

- 내담자가 의학적으로나 정신의학적으로 좋지 않은 상태
인지 평가해야 한다. 만일 내담자가 필요한 약물 치료를
거부하거나 심한 우울증일 때는 외상 작업을 하는 것이
어려울 수 있다.

- 내담자의 진단에 근거해서 판단하지 말고, 전체 인간으
로서 심리구조나 자아 기능이 외상 작업을 다룰 수 있는
지를 평가해야 한다.

- 내담자가 일상생활에서 새로운 것을 배울 수 있는지 평
가한다. 그렇지 않다면 내담자는 증상을 작업하는 것을
통해 그 의미를 배우고자 하지 않을 것이다.

- 척도나 검사를 이용해서 내담자가 얼마나 준비되어 있는
지, 작업에 협조적일지를 평가해보는 것도 유용하다.

- 치료자가 준비되어 있어야 한다. 치료자는 이러한 작업

을 하는 데 필요한 기술과 탄력성이 있어야 한다.

• 외상 작업이 이루어지려면 상담 시간을 자주 가져야 하고 상담 기간도 오래 걸린다는 것을 감안해야 한다.

(3) 지지치료

흔히 내담자는 외상적인 경험이나 상황에 대해 자신이 무력하고 수동적이라고 느끼며, 외상적인 상황이 재현되면 또다시 어쩔 수 없이 당할 것이라고 생각한다. 외상을 다루는 작업은 내담자가 이런 감정을 극복하고 외상적인 상황이 일어나지 않도록 대처할 수 있게 해야 한다. 이를 위해서는 외상적인 사건을 작은 단계로 나누어 원래의 고통스러운 감정과 무력감을 점차 경험하도록 만들어주어야 한다. 또 경험을 행동, 감정, 감각, 생각 등으로 나누어 다룬다. 해리장애 내담자들에게 지지적인 작업을 하는 데는 다음과 같은 전략을 따른다.

• 일반적인 지지치료 원칙을 따른다.
• 내담자가 해리, 해리성 정체감 장애, 외상후 스트레스 장애 등에 대해 이해하도록 한다. 이는 내담자의 통제감을 높이고 수치심과 불안을 줄일 수 있다.
• 대처 기술을 증진시킨다.
• 분신들이 더 협력적으로 상호작용하도록 한다.

- 치료자와 분신들 간에 더 협력적인 상호작용이 이루어지
  도록 한다.
- 인지치료적인 개입으로 잘못된 인지나 기본적인 가정을
  교정한다.
- 내담자의 배우자나 가족과 함께 부부치료나 가족치료를
  할 수 있다.
- 위기 시 개입이 필요할 경우에 대비한다. 예를 들어, 단
  기간 입원이 필요한 경우도 있다.

지지치료는 무엇보다 일상생활에서의 혼란과 어려움을 줄
이고 분신들 간 또는 외부세계에 생산적으로 기능할 수 있게
해준다.

2) 약물치료

어떤 경우에는 약물치료가 적절하기도 하다. 세로토닌
serotonin 선택적 재흡수 억제제는 내담자의 과다각성을 감소시
킴으로써 지지적인 기능을 할 수 있다는 보고가 있다. 시냅스
에서 이용 가능한 세로토닌을 증가시키는 것은 현재의 스트레
스원들이 과거 외상의 재발로 경험될 가능성을 감소시키는 것
과 같다. 그러나 지지적 심리치료를 받으면서 통합을 시도하

지 않는 내담자들은 재발 위험률이 높다고 할 수 있다.

약물치료가 이인증의 증상을 경감시키는 데 효과적일 수 있다. 삼환계 항우울제desipramine, imipramine가 향상을 가져왔다는 보고도 있다.

이인증은 전형적으로 간헐성인데, 삽화들이 종종 급성 기분장애와 관련되기 때문에 불안이나 우울증을 위한 약물 치료가 종종 추천된다. 아마도 벤조디아제핀benzodiazepine 등의 정신활성 약물들은 비현실감에 직접적으로 작용하기보다는 이인증과 비현실감이 일어나는 불안과 우울증에 작용하는 것으로 보인다.

3) 집단치료

사회적 지지 자원은 예방이나 치료적 차원에서 모두 중요하다. 일단 내담자가 안정이 되었으면, 집단 심리치료를 받는 것은 내담자가 사회적 지지 자원을 찾는 데 도움이 될 수 있다. 집단치료의 장점은 내담자의 고립감을 줄이고, 동성이나 이성 집단과 만날 수 있는 기회가 되며, 또래집단에게서 받아들여지는 경험을 할 수 있다는 것이다. 그리고 다른 사람을 관찰할 수 있고, 자신도 좋아질 수 있다는 희망을 갖게 한다. ◆

2. 정신역동적 심리치료

해리성 정체감 장애 치료에 대한 전통적인 정신역동적인 접근은 드러냄, 정화 또는 카타르시스, 외상에 대한 훈습, 장애에 기저한다고 가정되는 다른 갈등 문제들을 다룬다. 또한 여러 인격을 단일한 정체감 안으로 통합시키는 시도를 한다. 해리장애의 경우 여러 인격이 존재하므로 치료동맹을 맺기 위해서는 이들 각 인격의 협력이 요구된다. 해리장애 내담자들은 대개 아동기에 매우 황량한 외상적 경험을 했기 때문에, 치료자를 믿고 치료에 협력하기가 쉽지 않다. 그럼에도 내담자가 심리치료에서 함께 작업하고자 하는 동기가 있고 노력하는 경우에는 예후도 긍정적이다.

최근 학회에 보고된 사라는 세 딸을 둔 30대 중반의 여성이다(Gullestad, 2005). 이 여성은 오랫동안 우울, 불안, 만성적인 불면증에 시달렸으며, 자살 충동을 느끼기도 했다. 사라는 어린 시절부터 아버지에게 성폭행을 당해왔고, 해리성 정체감 장애로 진단받을 수 있을 만큼 다양한 인격을 형성했다. 엘리제는 음악을 좋아하고 우울한 인격이고, 악셀은 겁이 없고 운동을 좋아하며, 마리는 바느질과 집안일 하기를 좋아하는 인격이었다. 헬렌은 아버지에게 성폭행당한 기억을 가지고 있으며, 성적으로 유혹적이고 문란한 생활을 했다. 사라가 보고하는 해리 증상은 다음과 같은 것이다. "아침에 부엌에 나왔는데, 누군가 있던 흔적이 있었어요. 초콜릿 케이크를 만들어 먹은 것 같은데, 저는 초콜릿 알레르기가 있거든요" "누가 쇼핑을 하고 내 신용카드로 지불을 했어요. 그런 호피 바지 같은 걸 나는 결코 입지 않는데, 틀림없이 헬렌 짓이에요" 사라는 처음 다른 인격이 나타난 상황을 기억해냈는데, 운전하다가 경찰 검문에 걸렸을 때 경찰이 너무 두려워 자신이 사라지고 악셀이 나타났다는 것이다. 치료 과정에서 그녀는 어린 시절 부모의 성유희에 동참하면서 느꼈던 더럽고 메스껍고 수치스러운 감정에서 거리를 두고 해리를 시킨 과정을 다루게 되었다. 그녀는 일상생활에서도 자기에게 일어난 일에 거리를 두고 관찰자처럼 지냈는데, 차츰 자기가 해리를 통해 피하려는 강렬한 감정을 자각하게 되었다. 그녀는 분노는 물론 기쁨도 느껴서는 안 되는 사람처럼 살았고, 그 첫 기억은 어린 시절 울고 있는 아이, 즉 자기 자신을 해리되서 관찰하던 것이었 다. 성인이 되어서 해리정 정체감 장애가 처음 나타난 상황 도 무기력하고 취약함을 느낀 순간이었다.

정신역동적으로 해리성 정체감 장애를 치료하기 위해서는 적어도 일주일에 2회의 면담치료가 필요하다. 다른 장애에서 와 마찬가지로 치료 초기에는 통찰을 얻고 차츰 통찰을 훈습 하기 위해 작업이 이루어진다. 그리고 다른 자아들 사이의 새 로운 융합을 지지하고, 통합에 의한 변화에 대처하기 위해 부 가적인 작업을 할 수 있다. 물론 통합이 일어났다고 해서 반드 시 심리치료를 끝내야 하는 것은 아니다.

치료자가 내담자에게 과거에 일어난 사건에 대해 '당신은 잘못이 없다'고 설명하고 설득해도 내담자는 이를 잘 받아들 이지 못한다. 내담자의 증상은 적응적인 측면이 있기 때문에 쉽게 바뀌기 어렵다. 그러나 자신을 탓하는 내담자의 이러한 태도는 예후에 있어서는 더 나을 수도 있다. 통제영역이 외부 에 있는 것이 아니고 자기 내부에 있는 것으로 인식되어 절망 감이 줄어들 것이기 때문이다.

통찰지향의 정신역동적 치료의 초점이 개인에게 있다 해도 계속되는 학대의 패턴을 중지시키고 배우자, 부모, 아이들이 그 장애를 이해할 수 있게 하기 위해서는 가족의 도움이 필요하다. 아동기에 성적·신체적 학대가 있었던 사례에서는 지지집단들이 매우 가치 있다. 특히 해리성 정체감 장애 집단은 내담자들이 서로 경험을 나누고, 비슷하게 고통받은 다른 사람들로부터 대처 전략을 배울 수 있는 장면을 제공해줄 수 있다. 여러 다른 자아가 특정 약물에 다르게 반응한다 해도 부수적인 약물치료가 유용할 수 있다.

1) 치료지침

일반적으로 해리성 정체감 장애 내담자의 정신역동적 심리치료는 장기간 많은 노력을 필요로 한다. 해리성 정체감 장애의 심리치료가 성공적으로 이루어지기 위한 지침은 다음과 같다(Kluft, 1991).

첫째, 견고하고 안전한 치료 틀을 세운 후 치료를 시작한다. 치료의 개시 단계에서 내담자의 주관적인 경험 세계에 접근함으로써 치료동맹이 촉진될 수 있다. 강한 치료동맹은 치료가 진행되는 데 결정적이며, 주된 인격뿐 아니라 다른 인격들과도 동맹이 형성되어야 한다. 만일 경계선 성격장애 내담자처럼 폭력을 사용한 과거력이 있으면 치료 기간, 치료비 지불 방법, 치료 시간 약속, 신체 접촉을 사용하지 않고 말로 하도록 하는 것 등 자세한 사항을 치료 초기에 결정해야 한다.

특히 자신을 해치지 않을 것이며 치료를 기피하지 않고, 또 도망쳐버리지 않을 것에 대한 동의 등 치료동맹이 주된 인격뿐 아니라 각각의 분신 사이에서도 맺어질 필요가 있다. 협조, 동일시, 공감 및 분신들 간의 협력을 강조하는 데 있어서 치료자는 적극적인 역할을 해야 한다. 그렇게 해서 갈등이 줄어들고 마침내 분리가 필요하지 않게 된다. 이렇게 통합을 이루기 위해서는 치료자가 중립적이어야 하고 특정 분신을 편애하거나 다른 인격들을 다르게 대해서는 안 된다.

둘째, 분신들 사이에 협조가 이루어지고 내담자와 치료자 간의 동맹이 확고해지면, 내담자가 과거의 외상들을 드러내고 그것을 정화시킬 수 있도록 도와주어야 한다. 치료자의 작업은 내담자가 견딜 수 있는 방법에 따라 숨겨진 자료들을 찾아내고 처리하는 것이다. 이런 측면에서 '1/3 규칙'이 도움이 된다. 우선, 치료 시간 첫 1/3에 치료자와 내담자는 문제가 된 외상적 자료에 깊이 접근해야 한다. 중간 1/3에는 이를 가지고 작업해야 한다. 마지막 1/3에는 이를 처리하고 해결해야 한다. 만일 첫 1/3이 끝나가는 데도 자료에 접근하지 못한다면 강력한 감정이나 반응을 정리하고 회복할 만한 시간이 충분하지 않을 것이다.

치료자는 따뜻하고 수용적인 분위기를 만들어야 하며, 전통적인 정신분석 치료에서보다 더 적극적인 역할을 해야 한다. 만일 치료자가 내담자와 거리를 두고 지적으로 해석만 한다면 내담자는 자신이 거부당하고 학대받는다고 여길 수 있다. 치료자는 또 내담자에게 희망을 주어야 하고, 인지적 오류도 교정해주어야 한다.

셋째, 외상적 기억들이 여러 분신에 걸쳐서 충분히 훈습된 후에야 분신들 간에 원활한 협동을 이루는 해결 단계에 들어서게 되고 전통적인 정신역동적 심리치료가 가능하게 된다. 내담자가 자기와 외부 세계 모두에 대하여 새롭고 안전한 거리감을 발달시킴에 따라 분신들이 하나로 합쳐져 통합을 이룬다. 통합이 이루어지면 바로 전통적인 정신역동적 심리치료로 이득을 얻을 수 있고, 상실한 것들에 대해서 애도할 수 있게 되며, 해석에 의해 갈등을 해소할 수 있게 된다. 많은 해리성 정체감 장애 내담자는 아동기나 사춘기에 대한 장기간의 기억상실 때문에 자기감이 발달되지 않아 고통스러워한다. 따라서 그동안 상실된 것을 회복시켜주며 내담자로 하여금 조각난 것을 모아서 새롭게 형성된 자기를 위해 기초가 되는 연대기적인 이야기나 자서전을 만들어낼 수 있도록 도와주어야 한다.

해리성 내담자를 대할 때 무엇보다 중요한 것은 그들에게 실세계의 위험에 대한 인식 능력을 키워주어야 한다는 것이다. 학대받은 전력이 있는 내담자들이 재희생될 가능성이 상대적으로 더 높다는 사실을 치료자들은 항상 상기해야 한다. 정신역동적 입장에서 재희생을 막는 방법은, 우선 내담자가 스스로를 위험이 높은 상황에 처하도록 만든다는 것을 인식시켜주어야 한다. 또한 치료자들은 내담자의 과거 외상 경험을 들추어낼 때는 신중을 기해야 하며, 그것이 현재의 행동 패턴과 지니는 연관성을 조심스럽게 찾아내고자 노력해야 한다. 이는 최초 학대 상황에 직면하여 과거의 응어리진 경험을 다시 체험함으로써 문제를 풀어나가도록 하는 것이다. 내담자가 과거 경험과 현재의 행동 패턴을 연결시킬 수 있도록 해주는 것이 재희생을 막는 방책이 될 수 있다. 재희생될 위험이 높은 내담자들에게는 재교육이 가장 중요하다. 상황에 대한 통제력 확보에서는 위험한 상황을 감지하는 직관이 매우 중요한 기제일 수 있다.

2) 해리성 정체감 장애의 치료

해리성 정체감 장애 내담자를 치료할 때는 반드시 정신역동적 심리치료의 원칙을 확고히 해야 한다. 단순한 감정정화나 감정해소만으로는 통합이나 회복에 이르게 할 수 없다. 최근에 미국을 중심으로 정신보건 관계자들 사이에 해리장애가 널리 알려지면서 정신역동적 원칙을 충분히 이해하지 못한 채 잘 훈련되지 못한 치료자들이 열정적으로 반응해소의 기술을 사용하는 것이 유행하고 있다. 그러나 적절하고 전문적인 치료적 개입 없이 심리치료에서 외상을 되풀이하는 것은 오히려 외상에 대한 집착이나 고착을 강화시킬 수 있다. 해리장애의 정신역동적인 치료를 이해하고 실천하기 위해서는 전이, 저항, 역전이, 훈습 등과 같은 정신역동적 개념에 대한 확실한 이해가 필요하다.

해리성 정체감 장애 내담자의 치료에서 흔히 나타나는 공통적인 현상은 내담자들이 학대하는 내적 대상에 대해서 강한 충성을 바치며, 학대 대상과의 애착관계를 포기하기를 주저한다는 것이다. 이처럼 내적 대상에 강하게 점유되어 있는 성적 에너지를 없애기 위해서는 통합이나 애도 과정을 거치는 상당한 훈습 과정이 필요하다. 또 외상의 의미를 수정하기 위해서는 내담자들이 자신이 내적으로 간직한 자서전을 다시 쓰도록 도와야 한다. 예를 들어, 근친상간이라는 사실은 변화될 수 없지만 내담자 자신이 당시에 살아남을 수 있었던 유일한 방법은 공격에 복종하는 것이었음을 이해시키는 것이다.

그러나 모든 해리성 정체감 장애 내담자가 정신역동적 심리치료에 적절한 것은 아니다. 어떤 내담자는 장기간의 심리치료 비용을 부담하지 못할 수도 있고, 어떤 내담자는 정신적 고통을 참아낼 수 없어서 심리치료를 거부하기도 한다. 너무나도 약한 자아를 가지고 있어서 과거의 외상을 재경험하면 압도되어버리는 내담자도 있다. 이들에게 치료자가 재경험하기를 계속 강요한다면 자살 위기가 발생하거나 정신병적인 상태에 빠질 수도 있다. 이처럼 자아가 약한 경우에는 지지적인 접근이 더 나은 치료 전략이다.

3) 이인증의 치료

이인증의 정신역동적 심리치료에서는 이인증을 통제하기 위해 내담자들의 기저 역동을 확인한다. 또 이인증을 일으키는 외상적 기억들을 정화시키는 데 중점을 두기도 한다. 내담자는 무엇이 증상을 일으키는지를 이해하고 다스릴 수 있게 되면 더 큰 통제감을 느낄 수 있다. 또한 갈등하는 자아정체감들의 기저 문제들이 가정에서의 스트레스를 반영할 경우에는 그 문제들을 확인하는 데 역동적 치료가 유용하다. 그러나 이인증에 대해 역동적 치료를 할 지에 대한 최종 결정은 내담자가 자기를 이해하려는 동기, 심리적으로 생각할 수 있는 마음가짐, 자아강도, 자신에 대한 지적 호기심 같은 내담자의 속성에 달려있다.

기억상실증의 방어적인 목적을 고려하면 지지적인 치료 환경이 일반적으로 더 안전하다. 내담자에게 단지 자신이 기억하고자 하는 정도만을 기억하도록 허용한다. 나머지 기억은 내담자가 기억해낼 준비가 되었을 때에만 되돌아올 것이다. 심리역동적 갈등을 탐색하고 방어를 강화하도록 하는 것은 일반적인 지지치료와 동일하다. 또 내담자가 치료 관계에 과다하게 의존하지 않도록 하는 것이 좋다.

4) 치료자-내담자 관계

해리장애의 치료 장면에서 무엇보다 문제가 될 수 있는 것은 전이-역전이 관계다. 치료자와 내담자 사이에 쉽게 일어날 수 있는 전이와 역전이 관계를 살펴보자. 다른 장애의 치료와 마찬가지로 정신역동적으로 작업할 때 내담자의 내재화된 대상관계가 심리치료에서의 전이-역전이 틀 안에서 드러나게 된다. 치료 상황에서는 마치 연극처럼 전이가 상연되어 때때로 치료자가 과거 내담자의 역할을 맡기도 한다. 또 내담자가 자신이 경험한 것을 치료자에게서 일으키면 치료자는 해리와 혼돈 상태를 경험하기도 한다. 앞서 사례의 K 씨의 경우도 이러한 치료 관계로 설명할 수 있다.

심리치료에서 해리장애 내담자들의 기억에 결코 일어난 적이 없었던 사건들이 끼어들어 있는 것을 볼 수 있다. 또 외상 사건에 대한 기억이 이후 새로운 경험에 의하여 변형되어 기억될 수도 있다. 내담자들이 있지도 않은 학대 장면들을 하나하나 자세하고 충실하게 재현하는 것은 이런 자료에 유혹당한 치료자를 위해서다. 치료 장면에서 원래 부모와의 관계가 활성화되고 재현되면서, 내담자들은 아동의 입장이 되어 자신을 학대하는 부모를 기쁘게 함으로써 부모에게 인정을 받기 위하여 공허한 노력을 하는 것이라고 볼 수 있다. 따라서 외상 경험을 다룰 때 정확한 세부사항까지 확인하려 들지 않는 것이 좋다.

치료자는 이러한 이야기를 진실로 믿기에 앞서 투사적 동일시를 통하여 드러나는 내담자의 내적 대상관계에 주목해야 한다. 내담자는 자신을 무조건 사랑하고 받아들이고 신뢰해 주는 이상적인 부모상으로서의 대상 반응을 치료자로부터 얻으려 하는 것일 수 있다. K 씨의 사례처럼 치료자가 맹목적으로 내담자의 말을 믿는 것은 이러한 내담자의 대상표상으로 인한 상호작용으로부터 한 걸음 뒤로 물러서서 전이-역전이 관계를 바라볼 수 없었기 때문이며, 그 결과 이른바 이중정신병poli-à-déux적인 상황에 말려들게 되었다. 이 정도는 아니더라도 해리성 정체감 장애를 치료하는 심리치료자는 어쩔 수 없이 내담자들의 해리상태 안으로 끌려들어가게 될 것이다.

치료자의 임무는 의미 있는 대상관계가 행하여지고 있는

것을 놓치지 않고 잘 조명하면서 역전이 압력을 관찰하는 것이다. 내담자와 치료자 사이에서 무엇이 일어나는지를 알게 되면 치료자는 역전이 행동화를 피할 수 있으며, 동시에 치료에서 이루어지게 될 내담자의 내적 세계에 대한 중요한 정보를 얻게 된다.

이때 치료자는 과거 사실을 증명하는 자의 역할을 피해야 한다. 사람들이 기억하는 것은 항상 환상과 현실이 복잡하게 섞인 것이다. 치료자는 그들이 들은 것이 전부 정확한 사실이라든지 아니면 전부 틀린 것이라고 주장해서는 안 된다. 치료자는 판단하는 태도를 버리고 호기심을 가지고 내담자의 말에 귀를 기울여야 한다. 치료자는 분신들이 자신의 진실성을 증명할 필요성을 느끼지 않도록 분신들에게 매혹되거나 그들에 대하여 놀라움, 흥분, 낙심, 신뢰, 불신 등의 감정을 나타내어서는 안 된다. 또 분신들에 대한 자신의 의견을 표현해서도 안 된다.

5) 전이-역전이 관계의 역할 유형

해리성 정체감 장애 내담자의 심리치료에서 이와 같은 전이-역전이가 발생하였는지를 알아보는 한 가지 유용한 방법은 그 장면을 피해자, 가해자, 이상적인 전지전능한 구원자,

사건과 관계를 갖지 않는 어머니라는 네 인물이 등장하는 연극의 한 장면으로 개념화하는 것이다. 심리치료에서 치료자는 전이-역전이 관계를 통하여 다양한 역할에 동일시하게 되며, 내담자와 치료자는 상호보완적으로 하나의 쌍을 형성하면서 교대로 자신의 역할들을 수행한다. 여기서 내담자는 전형적으로 피해자이며 치료자는 이상적인 전지전능한 구원자의 역할을 맡게 된다. 내담자는 자신이 그러한 외상적인 경험을 한 것에 대해 보호해주지 못한 어머니를 원망하게 된다. 이에 치료자가, 내담자가 전에는 가져보지 못한 내담자의 실제 부모보다 더 좋은 부모가 되어 내담자의 손상받은 부분을 고치려고 노력한다면, 전이-역전이가 활성화된 연극에 오른 것이다. 이렇게 관계가 고착되면 치료가 고착 상태에 빠지거나 앞서 K 씨의 사례처럼 막다른 길에 다다를 것이다.

치료자와 내담자의 관계가 구원자-피해자 관계가 되면 여러 문제가 유발될 수 있다. 치료자가 내담자를 보는 것과 똑같이 내담자가 치료자의 동기를 이해한다는 것은 매우 어려운 일이다. 내담자는 치료자를 다르게 볼 이유가 없다고 생각하기 때문에, 치료자를 포함한 모든 사람이 자신을 학대할 것이라고 생각한다. 이렇게 가정한다면, 치료자가 아무리 학대하지 않을 것이라고 주장해도 내담자는 애초부터 치료자를 전혀 신뢰하지 않는다고 볼 수 있다. 남들을 돌봐준다는 직업 자체가 사랑을 가장하여 이용만 당해온 내담자들에게는 본질적으로 의심의 대상일 뿐이다.

대부분의 해리성 정체감 장애 내담자는 제대로 잘 돌보아 주는 부모와의 관계에서 세대 간의 경계와 한계를 갖고 성장하는 혜택을 받아보지 못하였기 때문에 제한된 시간에 맞추어 만나야 하는 등의 치료 상황이 비인간적이라고 생각한다. 따라서 내담자들은 자신을 돌보고 있다는 증거로 더 긴 면담 시간이나 신체적 접촉을 요구하고, 치료자 자신을 노출하기를 바라며 언제든 필요할 때는 치료자를 만날 수 있도록 요구한다. 만약 치료자가 이러한 요구를 조금씩 허용하기 시작하면 이 치료는 결국 실패로 돌아가게 된다. 치료자가 부모의 대리자가 되려고 한다면 내담자는 애도를 통해 이전의 부모관계를 정리하고 새로운 출발을 할 필요를 느끼지 못하게 된다. 게다가 마땅한 사람을 고르면 언제라도 부모와의 관계가 재현될 수 있다는 잘못된 희망을 불러일으키게 된다.

내담자가 돌봄의 증거를 요구할 때 치료자가 이를 만족시키려 한다면 내담자는 어떤 권리를 부여받았다는 느낌이 생기게 된다. 해리성 정체감 장애 내담자를 치료하다 보면 늦든 빠르든 언젠가는 대부분의 내담자가 자신이 과거에 학대받았기 때문에 이에 대하여 현재 보상받을 권리가 있다고 믿는다는 사실이 드러난다. 내담자의 요구가 점점 많아지면서 치료자는 귀찮고 고통스러워진다. 이제 내담자와의 시나리오는 거꾸로 내담자가 학대자가 되고 치료자가 피해자가 되는 식으로 역할이 바뀌게 된다. 내담자의 내부에 존재하고 있는 학대하고 악의에 찬 내적 대상은 그대로 유지되는 상태에서, 희생자로서의 내담자 자신은 치료자에게 투사된다.

더욱이 내담자의 분노와 증오가 점차 증가하면서 죄의식이 투사적 동일시된 결과로 치료자는 내담자의 희생자로서의 자기표상과의 동일시가 일어나게 된다. 내담자도 이를 느끼게 되면서 자신을 잘 돌봐주지 않는다고 치료자를 비난한다. 치료자는 너무도 많은 것을 요구받는 것에 대하여 자신이 느끼는 분노를 부인하려고 노력하고 화를 감추려고 애쓰게 된다. 하지만 이런 순간에 도달하였을 때는 치료자가 자신의 한계를 스스로 인정하는 것이 역전이 감정을 다루는 가장 치료적인 방법이다.

연극의 제3막은 내담자의 요구가 점점 심해지고 치료자가 내담자의 요구를 충족시키려고 더 많은 노력을 하게 되면서 시작된다. 모든 치료적 노력이 실패로 돌아가면서 치료자의 분노는 극에 달하게 되고, 이렇게 해서 치료자는 학대자가 되고 내담자는 다시 피해자의 역할을 맡는다. 바야흐로 경계를 넘어 내담자의 소아기 학대를 실제로 반복하게 된다. 더욱 비극적인 상황은 이 제3막에서 치료자와 내담자 사이에 성적 접촉이 빈번하게 일어난다는 것이다. 가학적인 언어적 학대, 내담자를 치료자의 무릎에 앉혀 새로운 부모를 경험하게 해주려는 시도, 치료자의 가족 소풍에 내담자를 동반하는 등 재양육의 시도들도 흔하다. 처음에는 도와주려고 한 노력이 결국 다시 내담자를 착취하고 학대하는 결과가 되고 만다. 이렇듯 치료자가 실제로 더 나은 부모가 되려 한다면 치료는 실패하고 말 것이다.

이때 많은 해리성 정체감 장애 내담자는 스스로가 아무리 노력해도 운명을 바꿀 수는 없다는 일종의 학습된 무력감으로 고통받고, 아무도 불러낼 수도 없고 효율적으로 사용할 만한 것도 전혀 없다고 느끼게 된다. 이런 의미에서 내담자들은 자신의 요구를 만족시키기 위해 이용하려고 했던 치료자들에 의하여 모든 형태의 학대를 받게 된다. 즉, 치료가 아니라 상처만 반복하게 될 뿐이다.

해리성 정체감 장애 내담자를 심리치료할 때 피해자, 학대자, 이상적인 전지전능한 구원자의 3가지 역할은 내사-투사 과정의 가장 극적이고 가장 확실한 양상이다. 네 번째의 배역, 즉 사건과 관계를 갖지 않는 어머니는 다소 모호한 방법으로 자신을 드러낸다. 내담자는 치료자의 침묵을 자신에게 무관심하고 자신을 거부하는 것으로 해석해버린다. 내담자는 일단 이렇게 판단하면 자신이 존재하지 않는다는 느낌을 갖는

것으로 반응한다. 비그라Bigras는 이를 '소극적 근친상간'이라
고 불렀다. 이는 방심한 어머니가 남편과 딸 사이의 근친상간
적 관계에 개입하려는 시도를 전혀 하지 않을 때 피해자는 자
신이 죽었다거나 텅 비어있다는 느낌을 갖는 것을 말한다. 내
담자들은 자신의 불행에 대한 책임이 자기를 보호하지 않은
어머니에게 있다고 해석한다.

내담자가 경험하는 죽음이나 비어있음의 느낌은 치료자에
게 보완적인 절망감과 무력감을 만들어낼 수 있다. 심리치료
에서 내담자가 장시간 치료자에게 냉담하고 소원한 태도를 취
함으로써 치료자가 역전이적으로 죽은 것 같거나 존재하지 않
는다는 느낌을 갖도록 할 수도 있다. 다음은 해리성 정체감 장
애 내담자와의 심리치료 면담에서 발췌한 것으로, 사건과 관
계를 갖지 않은 어머니와의 역전이적 동일시의 일화다.

　　내(내담자): 만약 내가 이 더러운 병원을 나갈 수만 있다면 모
　　　든 것이 괜찮아질 거예요. 내 단 한 가지 문제는 이런 곳에
　　　갇혀있다는 것이에요. 이 곳에 있으니 자해하고 싶다는
　　　생각이 들어요.
　　치(치료자): 그런데 갇혀있다는 것이 정말로 유일한 문제일
　　　까요? 입원하기 전에도 자해를 많이 했지요?
　　내: 하지만 아이들과 남편을 만나야겠어요. 못 알아들으시

겠어요? 여기는 가족이 면회를 오지 못하잖아요.

치: 지난번 가족이 면회왔을 때는 자살시도를 하지 않았
어요?

내: (무관심하게) 팔의 동맥을 끊어 모든 것을 끝내고 싶었
어요.

치: 글쎄요, 내 생각에는 그래서 치료진 모두가 당신을 퇴원
시키기를 꺼리고 계속해서 병원의 보호를 받아야 한다
고 생각하는 것 같군요.

내: 잠깐이라도 여기서 나가야겠어요. 잠깐만이라도 병원 밖
으로 나가서 가족과 함께 있으면 나는 괜찮아질 거예요.

치: 만약 불안이 덮쳐서 또 자해하고 싶은 생각이 들면 어떻
게 하죠?

내: (잠시 망설이다가) 맥주 한두 잔 마시면 가라앉을 거예요.

치: 당신의 문제가 외부에 있는 것이 아니라는 것을 아는 것
이 굉장히 중요합니다. 어딜 가더라도 항상 당신의 내부
에 문제를 지니고 있는 것이죠. 병원에 갇혀있든 가족과
같이 있든 문제는 계속 남아있어요. 과거의 고통스러운
경험을 잘 통합하고 그에 직면하려는 노력을 하지 않는
한 당신은 계속해서 자해를 할 것이고 자살을 시도하려
고 할 겁니다.

내: 나는 인격을 통합하는 고통을 직면하고 싶지 않아요. 견

딜 수 없을 거예요.

치: 하지만 지금도 매우 고통스러운 상태에 있잖아요. 더 이
    상 나빠질 수 있을까요?

내: (무관심하게) 잘 모르겠어요. 하지만 알고 싶지도 않아요.

치료자는 더 이상 추론을 계속해나가지 못하면서 자신이
점점 더 졸리다는 것을 알게 되었다. 이런 느낌과 동시에 그
는 내담자로부터 점점 떨어져나가 멀어지는 듯한 느낌을 받
았다. 시계를 보기 시작했고, 치료 시간이 빨리 끝났으면 하
고 바라게 되었다. 또 오늘 저녁에 무엇을 하기로 했는지 생
각하고 있는 자신을 발견하였다. 내담자가 좋아지든지 말든
지 더 이상 신경 쓰고 싶지 않다는 생각까지 들었다. 또 내
담자가 자신으로부터 점점 더 멀어져 어딘가를 표류하고 있
는 것 같이 보였다.

공감을 위하여 자신의 감정을 조율하는 것으로부터 자신
이 현저하게 벗어나 있는 것을 관찰하면서 치료자는 자신이
내담자의 소아기 사건에 관계하지 않았던 무정한 어머니처
럼 되어가는 것은 아닌가 하는 생각이 들었다. 내담자를 도
우려는 노력은 잘 되지 않고 언제나 변화되는 모든 것에 대
하여 깊은 좌절과 절망감을 느꼈다. 내담자의 어머니도 역
시 딸과 남편 사이의 결합으로부터 영구히 제외되었다는 것

을 느끼고 무엇인가를 변화시키려 하였지만, 힘이 없고 아
무런 도움도 되지 못한다는 것을 느꼈을 때 지금의 치료자
와 똑같이 느끼지 않았을까 하고 생각하게 되었다.

이 사례에서 치료자가 기술한 것과 같은 역전이 반응들은
내담자에게 감정적으로 멀리 있던 어머니와의 동일시에 의한
반응이다. 다른 한편, 내담자 자신의 핵심부에 자리한 존재하
지 않는다는 느낌과 공감적인 동일시를 반영할 수도 있다. 해
리성 정체감 장애 내담자의 심리치료에서 치료자는 내담자의
요구가 너무 강력하고 지나쳐서 내담자가 사라지거나 다른 치
료자를 찾아가주었으면 하고 바라는 자신의 모습을 발견하게
되는 때가 있다. 이처럼 치료자는 사건에 관계가 없던 어머니
와의 동일시를 쉽게 발견할 수 있다. 이런 경우 내담자는 자살
을 시도할 수 있으며, 여기에 치료자가 무의식적으로 동조할
수 있으므로 주의하지 않으면 안 된다.

이러한 전이-역전이 틀에서 묘사된 원시적 형태의 심리적
사망은 모성결핍과 연관이 있을 것이다. 아주 어린 시절의 모
성결핍은 영아의 자기감 발달마저도 심히 위태롭게 할 것이
다. 아이는 어머니와의 접촉을 통해 자기가 이 세상에 존재한
다는 자기감을 가지는데, 어머니가 만족스러운 감각 경험을
제공해주지 못하면 영아는 감각의 경계를 갖고 있다는 안전한

느낌을 갖지 못하게 된다.

해리성 정체감 장애 내담자에게서 자해가 흔하게 나타나는 것은 자아경계의 안전성을 상실할 것에 대한 불안을 다루기 위하여 표피 수준에서 그 경계를 다시 설정하려는 시도로 이해할 수 있다. 어머니와 감각경험을 나누지 못하면 신체통합감을 갖기 어렵기 때문에 이런 식으로 경험을 만들어내는 것을 오그던Ogden은 자폐-접촉 위상의 특징이라고 하였다. 이처럼 원시적인 상태에서는 경험에 의미를 부여하는 과정 자체가 정지하고 만다. 치료자는 자신이 결코 도달할 수 없는 이러한 원시적인 상태에 해리성 정체감 장애 내담자가 갇혀있는 것으로 경험하게 된다. 이렇게 되면 치료자는 내담자의 불안을 다루는 데 있어서 절망감을 느끼게 된다.

자아조직의 수준이 어느 정도인가에 따라 입원치료가 필요할 수도 있다. 이때 위기가 쉽게 해결되면 입원 기간은 며칠 정도이지만, 악화되어 자살을 예방하지 않으면 안 될 경우에는 수개월이 걸릴 수도 있다. ◆

3. 정보처리적 인본주의 접근

이 접근법의 기본 사상은 인본주의이면서, 기법적으로는 최근 정보처리적 접근을 택하고 있다. 해리장애는 내적 세계와 경험 간 그리고 경험되는 세계 간의 불일치를 보인다. 따라서 치료를 통해 이러한 불일치를 의식의 세계로 끌어들여야 한다. 내적 세계와 경험 간의 일치는 이전의 가공적인 일치를 버리고 새로운 일치점을 찾는 것이다. 치료는 경험에 초점을 맞추고 내적인 일치와 불일치의 여러 측면을 이해하려 한다. 또 감정을 강렬하게 하고 구체화시킨다. 그러면 이 치료 과정의 기본 원칙을 살펴보자.

1) 경험에 직접 초점 맞추기

치료의 첫 단계로는, 거부했던 정보에 주의를 기울이는 것을 학습해야 한다. 이 방법은 무의식적 자료를 의식화하기 위해 사용되어온 방법이다. 억압이 일어나는 것은 선택적으로 주의를 기울이지 않거나 주의를 분산시킴으로써 필요한 정보를 등한시했기 때문이다. 따라서 경험에 직접 초점을 맞추게 되면 의식 밖에 있던 자료에 주의를 집중하게 된다. 주의를 기울이는 방법은 경험에 대해 '무엇을, 어떻게'와 관련된 질문을 던져보는 것이다.

- 무엇을 느꼈나?
- 그 주제나 경험이 나 자신에게 의미하는 것은 무엇인가?
- 그것은 무엇을 생각나게 하는가?
- 다른 어떤 경험이 떠오르는가?
- 이 감정을 무엇이라고 말할 수 있는가?
- 어떻게 해서 이러한 일이 일어났는가?
- 지금 어떻게 느껴지는가?

주의를 기울이는 것은 경험에서 떨어져 나간 여러 요소를 드러내는 기본적인 기법이다. 이때 어떤 측면에 더 초점을 맞출지는 접근법에 따라 또 치료자에 따라 달라질 수 있다. 어떤 사람은 경험의 정서적 측면에 더 초점을 두기도 하고, 어떤 사람은 의미와 실제에 더 비중을 두기도 한다. 다음 치료 사례

(Orbach, 1995)를 살펴보자.

> 치(치료자): 그 불행한 일을 이야기해볼 수 있나요?
>
> 내(내담자): 말하기 어려운데요.
>
> 치: 그 불행을 느낀다면 어떻게 되나요?
>
> 내: (침묵) 일종의 공허감, 배고픈 것 같이 불편한 느낌…. 무언가를 갈망할 것 같아요.
>
> 치: 갈망이요?
>
> 내: 모르겠어요.
>
> 치: 갈망이 친숙한 느낌인가요?
>
> 내: 저는 향수병에 걸린 것 같아요. 부모님이 보고 싶어요.

이렇게 초점두기를 통해 내담자는 어린 시절 집을 떠났고, 도시에 적응하고 학교를 다니기가 어려웠다는 것이 드러났다.

> 내(내담자): 그런 종류의 불행을 느낀 것은 부모님이 이혼하고 아버지가 떠났을 때가 처음이에요. 그때를 기억할 수 없어요. 마치 그때가 그냥 제 마음에서 사라진 것 같아요.
>
> 치(치료자): 아버지가 떠났을 때 처음으로 불행을 느꼈나요?
>
> 내: 네. 아버지를 그리워한 기억은 없어요. 그저 아버지가 없었다는 것 밖에는요.

치: 아버지가 떠났을 때 어떻게 느꼈나요?

내: 잘 모르겠어요. 아버지가 우리를 많이 사랑하지는 않았
던 것 같고, 아버지에게 별로 관심이 없다고 생각했던
것은 기억이 나요.

치: 아버지에게 별로 관심이 없었어요?

내: 아니요. 그냥 가끔 가졌던 생각이에요. 엄마한테도 종종
그래요. 엄마를 찾아갈 때는 엄마에 대해 별로 관심이
없는 것 같이 느껴요. 엄마는 사회사업가였고, 언제나
사람들이 집으로 엄마에게 이야기를 하러 왔지요. 어릴
때 다른 사람들이 나보다 더 엄마에게 관심이 있다고 생
각했어요. 동생이 태어났을 때는 엄마가 나에게 관심을
가지게 하려고 애썼어요. 심지어 관심을 얻으려고 유치
원 선생님을 때린 적도 있어요.

치: 관심이 별로 없었다는 것은 반복되는 감정이지요?

내: 네. 학교에서 저는 재미없다고 느끼는 것이 두려웠어요.

치: 그렇게 느꼈을 때 어떻게 되었지요?

내: 그럴 때면 마비가 되었어요. 만일 준비하는 숙제가 완벽
하지 않으면 재미없을 것이라는 생각에 숙제하는 것을
피하면서 스트레스를 받았죠. 숙제에 손도 댈 수 없었어
요. 그러면 갑자기 화가 나고 분노를 느끼죠. 그 분노는
어떤 특별한 것과 관련된 것은 아니에요. 저는 온 세상

모든 것을 증오해요.

상담이 계속되면서, 내담자는 관심이 없는 것에 대한 분노와 관심을 보이는 사람이 필요하다는 강한 요구를 관련지었다. 그녀의 어린 시절 두드러진 기억은 엄마의 관심을 강렬하게 바랐다는 것이고, 아버지가 떠난 것은 자기에게 관심이 없어서라고 느꼈다. 이후 경험과 일치한 내적 국면과 기억과 관련된 감정에 초점을 맞추어 계속해나갔다. 사람들이 자기를 흥미없어 하고 버려져 외로워질까 봐 불안한 감정이 계속 작업되었다. 이러한 경험이 드러나자 불행감은 점차 사라졌다. 그녀는 인간으로서 자신과 다른 사람에 대한 가치감을 자각하게 되었고, 대인관계에서 서로 주고받는 상호적인 관계를 맺게 되었다.

2) 불일치한 경험의 다른 측면을 찾아보기

경험의 어떤 요소가 빠졌거나 잠재되어버리면 내적 불일치가 일어나게 된다. 만일 내적 세계가 한 가지 측면으로만 이루어져 있다면 그 경험은 불완전하다고 할 수 있다. 때로 내적 세계는 지각이나 의미 또는 감정의 어느 한 측면을 완전히 배제할 수 있다. 치료의 기본적인 목표는 경험에서 잃어버린 요소들을 찾는 것이다. 현재와 과거의 현실, 그 의미, 정서에 대해 물어보고 관련시킴으로써 빠진 경험적 요소를 찾을 수 있다. 이렇게 함으로써 내담자는 자신의 경험을 조직화하는 방법을 알게 되고, 잃어버린 요소를 찾을 수 있다.

3) 감정을 구체화하기

감정이란 경험에서 아주 두드러진 요소다. 경험에서 감정적인 측면을 피한 것이 있다면 이를 의식에 가져오는 것이 치료의 주요 목표가 된다. 감정을 구체화하는 방법은 다음과 같다.

우선 감정 그 자체에 직접 초점을 맞춘다. 감정에 가장 직접적으로 다다르게 하는 방법은 "지금 어떤 기분인가?" 또는 "그때 무엇을 느꼈나?" "지금 그 이야기를 하면서 어떤 기분이 느껴지는가?" 등을 직접 묻는 것이다.

또한 특정한 사건이나 어려움을 가능하면 실제적이고 구체적으로 기술하게 하는 것은 감정을 느끼게 하는 데 도움이 된다. 역할놀이, 사이코드라마, 심상, 사건을 자세히 기술하기 등 게슈탈트 기법이 사용될 수도 있다. 자세하고 구체적으로 이야기함으로써 전체 경험을 재구성하고 정서적인 경험을 다시 불러일으킬 수 있게 된다. 구체적으로 이야기하는 것은 감정에 몰입하는 데 아주 효과적이다. 추상적으로 말하거나 과

잉일반화하면 감정과의 접촉을 잃게 된다. 이러한 절차를 통해 일반적이고 모호한 일차과정적 처리에서 더 특정적이고 세부적인 이차과정적 처리로 나아가야 한다.

4) 경험의 장기 처리: 동화와 조절

동화와 조절 과정은 경험과 도식을 점차 변화시키는 과정이다. 이 과정은 앞뒤로 움직이는 체계로, 현실의 지각과 의미의 변화에 맞게 새로운 기억과 새로운 정서가 생긴다. 그리고 이러한 변화의 결과로 전체 경험이 변형된다. 즉, 일련의 동화와 조절을 통해 일치된 경험으로 변환된다.

5) 기억을 재구성해서 일치성을 이루기

기억은 현실을 사진 찍듯 그대로 보존하는 것이 아니라 구성과 재구성의 과정으로 이루어진다. 우리는 종종 너무나 확실하다고 믿었던 기억의 어떤 내용이 사실과 다르다는 것을 알게 될 때가 있다. 이처럼 기억이란 현실을 그대로 반영하는 것이 아니라 현실과 관련된 개인의 입장이 반영된다. 즉, 기억은 있는 그대로의 외적인 현실과 대응되는 내적 현실이라고 볼 수 있다.

내적 현실은 개인이 그 상황을 어떻게 지각하고 해석하는가
에 따라 이루어진다. 일단 기억이 이루어지면 이러한 현재 입
장을 정당화하기 위해 기억이 재구성된다. 나아가 재구성된
기억은 처음의 형태를 유지하지 않고 변화되고 왜곡될 수 있
으며 언제나 유동적이다. 기억을 재구성하는 과정은 마치 만
화경을 가지고 노는 것과 같아서, 그 안에 들어있는 구성요소
들은 같지만 어떻게 모이느냐에 따라 극적으로 변할 수 있다.
이렇게 기억이 재구성되면 새로운 현실이 창조된다. ◆

4. 인지행동치료

해리성 정체감 장애에 대한 모델 치료가 주로 정신분석적이고 통찰지향적이지만, 인지행동적인 치료들도 시도되고 있다. 인지행동치료에서도 해리장애 치료의 주요 목표는 증상의 안정, 역기능적 행동의 통제, 기능의 재구축, 관계의 증진이 된다.

역기능적 학습을 강조하는 인지치료적 입장에서는 다양한 학대 관련 구조를 파악하고 이해하는 것이 치료를 돕는다고 주장한다. 이것은 자아 및 타인에 대한 시각과 적합하지 않은 성적 행동을 교정하며, 극단적 의존성을 감소시키는 것 등으로 이루어질 수 있다. 자아존중감을 회복하고, 밀접한 대인관계에서 폭력을 용납하지 않으며, 대인관계에서 유지해야 할 거리 등을 학습시킴으로써 재희생을 막을 수 있을 것이다.

치료 기법으로는 역할연기와 주장훈련 기법을 사용하며,

각각 다른 자아의 행동과 정서에 대한 기능적 분석을 하고, 정화반응이나 의식ceremony 없이 통합을 이루고자 한다. 또한 다른 자아들의 융합을 촉진시키기 위해 다양한 행동적 기법을 연속적으로 사용한다. 관계 연구에 따르면 다중인격 중에서 가장 적응적인 기능을 수행하는 성격이 드러날 때마다 토큰으로 강화를 주거나 치료자가 관심을 더 기울였는데, 그렇게 할 때 내담자는 현저하게 그 성격을 오래 유지하였다.

한편, 분신들을 그대로 둔 채 분신들 사이에 조화로운 협력 기능을 극대화하고 격려하는 것이 더 좋은 경우도 있다. 여러 성격의 기능을 최대화하고, 성격 또는 분신들 간에 조화로운 협력을 북돋우는 것을 목적으로 할 수 있다. 치료자가 성격들 간의 협력이 필요하고 그렇게 협력하는 것이 그들에게 최선이며, 분신들이 협력할 수 있다는 것을 설득할 수 있다면, 내담자는 일상 스트레스에 더 잘 적응할 수 있게 될 것이다. 내담자는 역기능적이고 수동적으로 경험들을 외면하거나 회피하기보다는 더 적응적이고 단호한 자세를 학습해야 한다. 체계적 둔감화, 지시적인 상상 기법 등이 불안감을 해소시키는 일을 도와줄 수 있다.

노출 기법이나 홍수 기법과 같이 좀 더 극단적인 방법이 활용될 수도 있다. 이러한 기법들은 극단적인 반응을 일으킨다. 처음에 내담자는 이렇게 노출되는 것에 극단적으로 불안해하지만, 계속 노출되면 차츰 불안이 줄어든다.

많은 사례에서 여러 다른 자아는 맥락에 따른 성격 성향을 반영하는 듯하다. 즉, 각각 다른 자아는 상황에 따라 효과적인 개인적·사회적 기능을 위해 필요로 하는 기술들을 가지고 있는 것 같다. 그래서 정신역동적 통찰이 이루어진 후에라도 개인은 과거에 대처하기 위해 필요한 사회적 지식과 기술들을 획득해야 한다. 일단 여러 다른 자아 사이에 상호인식이 이루어지면, 인지행동적 접근이 해리성 정체감 장애의 치료에 많은 것을 제공할 수 있을 것이다. ◆

5. 최면치료

"편안한 자세로 가만히 눈을 감고 자신의 숨소리에 주의를 기울여 보십시오."

최면을 유도할 때 처음 시작하는 지시문 중의 하나다. 해리장애의 치료에서 과거의 외상이나 과거력을 탐색하기 위해, 또 치료자가 각 분신 또는 인격들과 소통하거나 통합하기 위해 최면이 종종 보조적으로 사용된다. 해리장애에서는 단지 이름을 부르는 것만으로도 분신을 대화에 불러낼 수도 있다고 한다. 최면이 해리장애의 치료에 도움이 되는지에 대해서는 의견이 분분하다.

최면을 옹호하는 입장에서는 특정한 분신과의 접촉을 위해서 최면을 사용할 수 있으며, 최면을 통해 기억을 재생시킬 수 있기 때문에 도움이 된다고 본다. 그러나 최면에 의해 유도된 기억이 모두 실제로 있었던 일인지에 대해 의심을 품는 사람들도 있다. 이들은 최면에 의해 유도된 기억 중에는 내담자의 환상도 포함될 수 있으며, 최면이 환상을 진짜 기억이라고 잘못 믿어버리게 한다고 주장한다. 대개 내담자가 기억하는 어린 시절 경험은 대개 사실과 환상이 혼합되어 있다. 또는 어떤 기억은 여러 사실의 조합일 수도 있다.

최근 우리나라에서는 최면치료나 전생치료에 대한 관심이 급증하고 있다. 최면이란 무엇인가? 변영돈은 최면을 서서히 자신의 몸과 마음 안으로 주의를 기울여가는 것, 즉 마음의 문을 열고 보다 깊은 자신의 정신세계로 향해가는 것이라고 소개하고 있다(변영돈 최면의학 홈페이지). 최면 상태에서는 일상적인 의식 상태와는 다른 여러 현상이 일어나게 된다.

1) 의식 상태의 변화

의식이 평상시 깨어있을 때의 기능으로부터 벗어난 상태를 '변화된 의식의 상태altered state of consciousness'라고 한다. 이는 생리적인 이유나 심리적 이유, 또는 약물의 작용에 의해 일어날 수 있다. 이런 상태에서는 운동 기능, 감각 기능, 각성 기능, 생리 기능에 변화가 일어난다. 따라서 이 상태에서는 개인의 외부환경을 인식하는 방식과 외부환경에 대한 상호작용이 일반적인 각성상태와 달라진다.

최면을 유도하면 변화된 의식의 상태에 도달하게 된다. 변화된 의식의 상태에 있는 사람은 내적인 경험에 깊이 빠져들 수 있게 된다. 이런 상태를 트랜스trance라고 하는데, 일종의 무아지경 혹은 몰입경 상태를 말한다. 이 상태에서는 주변의 일들은 모두 잊어버리고 한 가지 일에만 몰두하게 된다.

평상시 사람의 인식은 주변인식과 초점인식 사이를 왔다 갔다 하게 되어 있다. 그런데 최면 상태에서 주의가 한 곳에 집중되면 산만하게 이런저런 일들을 생각하는 주변인식이 줄 어들고 하나의 일에 몰두하는 초점인식이 증가하게 된다. 일상생활에서도 최면과 비슷한 형태를 찾을 수 있다. 예를 들어, 무엇에 몰두해있으면 누가 옆에서 불러도 모르는데, 이것이 일종의 최면 상태다.

2) 감각의 변화와 이완

이완이란 몸과 마음이 편안한 상태다. 의학적 의미로는 교감신경의 활동이 감소하는 것이다. 최면을 유도할 때에는 보통 편안한 상태가 되도록 하기 때문에 그 결과로 이완이 되기도 하지만, 특별히 이완을 하도록 암시를 주지 않아도 자연적으로 이완이 되기도 한다. 최면 상태에서는 평상시에 경험하지 못했던 여러 감각을 경험할 수 있다.

몸이 둥둥 뜨는 느낌은 가장 흔히 경험할 수 있는 감각 변화의 하나다. 이것은 지시를 들은 후에 뜨는 감각이 생길 수도 있고, 뜨는 것에 대한 아무런 말을 듣지 않았는데 저절로 이런 감각이 생길 수도 있다. 하지만 사실은 뜨는 감각만 있을 뿐 실제로 떠오르는 것은 아니다. 최면 시의 영상은 꿈에서 경험하는 것과 비슷하다.

최면에서의 커다란 감각 변화는 마취다. 이것을 최면마취라고 하는데, 원래 가지고 있던 통증이 줄어들 수도 있고 새로 가해지는 통증을 느끼지 못할 수도 있다. 최면 상태에서 내담자의 감각마취를 테스트하기 위하여 사용하는 방법은 손등에 주사 바늘을 찔러보는 것인데, 이때 대부분의 내담자는 감각을 느낄 수 없다.

최면 상태에서는 시간 경험도 달라진다. 최면 상태에서는 시간이 짧게 느껴지는데, 실험 결과 대부분이 최면 상태에 있었던 시간을 실제보다 약 40% 정도 짧게 느낀다고 한다. 가장 유력한 설명은, 최면 상태에서는 단위시간에 들어오는 정보의 수가 적기 때문에 그만큼 뇌에서 처리해야 할 정보의 수가 적어서 시간을 짧게 측정한다는 것이다. 왜냐하면 뇌에서 측정하는 시간의 길이는 처리해야 할 정보의 수에 비례하기 때문이다.

3) 자아 상태의 분리와 무의식

어느 한 곳에 깊이 몰두하는 최면 상태가 되면 의식은 둘로 갈라져서 서로 소통이 끊어지게 되어, 의식의 한 부분이 하는 일을 의식의 다른 부분은 모르게 되는 상황이 일어난다.

최면 상태에서 깨어난 후 어떤 행동을 하게 될 것이라는 지시를 주면 내담자는 그대로 행동한다. 내담자에게 이유를 물으면 모른다고 하거나 이유를 둘러댄다. 내담자는 의식적으로는 치료자의 지시를 잊었지만, 무의식에서는 치료자의 지시를 기억하고 그 지시에 따르는 것이다. 이것은 우리의 의식이 무의식적으로 활성화될 수 있음을 보여준다. 최면의 무의식성이란 이와 같이 의도적으로 하려는 마음이 없었는데도 저절로 행동이나 생각을 하게 되는 것을 말한다.

또 최면 상태에서는 잊힌 기억들이 잘 떠오르기도 하며, 암시 효과가 극대화된다. 최면치료를 하는 사람들은 최면치료가 무의식을 자극하여 기대한 효과를 극대화할 수 있는 속성이 있기 때문에 암시에 의한 효과 역시 극대화된다고 주장한다. 최면에 들어갔다는 것 자체가 이미 상대방을 믿고 상대방의 말을 잘 듣겠다는 뜻이 된다는 것이다.

휠체어를 타고다니는 30대 여성이 있었다. 의학적으로

아무런 이상이 없다는 결과가 나왔음에도 그녀는 수년간이나 전혀 걷지 못하고 휠체어를 타야만 했다. 그러던 어느날, 그녀는 유명한 최면치료사가 최면의학을 강의하기 위해서 이 고장에 오는데 시범을 보여줄 내담자가 필요하다는 이야기를 듣게 되었다. 그녀는 스스로 시범 내담자가 되기를 자처하고는 최면치료사를 만날 날만 기다렸다.

드디어 최면치료 시범을 보여줄 시간이 되어 그녀가 강당으로 안내되었다. 그녀는 강당 문으로 들어서자마자 최면치료사를 만난다는 기쁨 때문에 "박사님!" 하면서 성큼성큼 걸어가서는 치료사의 두 손을 꼭 잡고 "제 병을 낫게 해주세요"라고 말했다. 그 순간 내담자는 스스로 놀랐다. 그녀는 이미 하반신 마비가 풀려 몇 미터씩이나 걸었기 때문이다. '그 치료사에게 가면 병이 나을 거야' '그 의사가 용하다는데' 하는 등의 기대는 최면이 아니더라도 있게 마련이지만, 최면치료에서는 이것이 증폭된다.

해리장애의 경우 최면술 또는 바비튜레이트 같은 약물이 회복을 도울 수 있다. 이러한 경우 치료자들은 기억이 회복되는 상태인 최면 종결 후나 약물 효과가 없어진 후까지도 회복시킨 기억이 접근 가능하도록 남아있게 하는 암시를 준다. 다음 최면을 해리장애 치료에 활용한 사례다(김영우 최면의학연구소 홈페이지).

H 씨는 36세 주부로, 늘 불안해하고 불면증에 시달리며 두통과 가슴의 압박감 때문에 시달려왔다. 가슴의 압박감 때문에 3년 동안 심장병 치료를 받고 있다고 했다. 불면증에 대해서도 내과에서 심장약과 함께 수면제를 처방받고 있었다. H 씨의 경우 다음과 같이 최면이 진행되었다.

김: 자신이 누군지 이야기기해봐요.

H: (떨리는 목소리로) 제 이름은 박○○이고… 서른두 살이에요.

김: 왜 이 사람 속에 있어요?

H: 저는 심장병으로 죽었어요…. 병원에서 죽었는데…, 이 사람이 그 병원에 왔을 때 들어왔어요.

김: 왜 이 사람에게 들어왔어요?

H: 갈 데가 없어서요….

김: 이 사람이 당신 때문에 심장병 증세가 생긴 건가요?

H: 네…. 제 가슴이 아픈 것이 이 사람에게 전해져서 그래요.

김: 불안하고 잠을 못 자는 것도 당신 때문인가요?

H: 네.

김: 당신이 나간다면 나을 수 있겠군요?

H: 네. 나을 수 있어요…. 저도 이 사람한테 미안한 마음을 가지고 있어요.

치료자는 자신이 박○○라고 주장하던 존재를 내담자로부터 떠나게 했다. 그랬더니 내담자는 가슴통증과 심장압박감이 없어졌고 그에 따라 우울과 불안도 사라져버렸다고 한다. 자신이 심장병으로 죽은 아무개라고 말하던, 내담자 내면에 있던 미지의 존재가 내담자가 스스로 만들어낸 환상인지 분리된 다중인격인지 혹은 그의 주장대로 외부에서 들어온 영적 존재인지는 아무도 정확히 말할 수 없다.

재미있는 점은 최면에서 깨어난 후 내담자가 놀란 얼굴로 "몇 년 전 아버지가 어느 대학병원에 입원하신 일이 있어 몇 차례 문병을 갔었는데, 가슴이 뛰는 증상도 그 무렵부터 생겼어요"라고 이야기했다는 사실이다. 어느 날 문병을 마치고 돌아오는 길에 갑자기 가슴이 뛰면서 '이러다가 심장마비가 되면 어떡하나?' 하는 걱정이 느닷없이 생겼고, 그때 이후로 그 걱정에서 완전히 벗어난 적이 없었다는 것이다.

치료자는 대개 내담자 내면의 존재가 주장하는 내용을 그대로 받아들여 치료에 이용하지만, 그 존재의 말을 믿지는 않는다. 더 면밀하게 파고 들어가보면 대부분 거짓인 경우가 많기 때문이라고 한다. ◆

6. 전생치료

　전생치료는 최면치료와 기본적으로 맥을 같이하나 최근 우리나라에 전생치료가 상당히 관심과 호기심의 대상이 되고 있어 별개로 다루고자 한다. 전생치료가 아직 정신의학계나 심리학계에 공인된 치료로서 인정을 받지는 못하였지만, 전생치료를 연구하는 치료자나 심리학자도 있다. 전생 체험들의 심리학적 현상 탐구는 1960년대에 시작되었음에도 불구하고, 전생퇴행 요법past-life regression therapy과 관련해서는 현재까지도 여전히 논쟁이 분분하다.

　그러나 전생 경험들이 객관적으로 사실인가 아닌가 하는 논란을 떠나서 최면 경험, 죽음에 가까이 간 임사 체험을 통해 전생을 경험함으로써 도움을 받았다는 보고도 많다. 빙의나 신병에 걸린 경우 죽은 친지나 조상 신이 씌인 경우 전생치료가 적용될 수 있다. 과연 전생은 있는가? 있다면 전생을 기억할 수 있는가? 전생을 아는 것이 우리 삶에 어떤 도움이 될까?

인간이 전생을 기억한다는 주장들은 예전부터 있어왔다. 그러나 최근 국내 의학계에서 최면이 치료법으로 받아들여지고 일부 치료자가 최면을 이용하여 전생치료를 시작하면서, 최면에서의 전생 기억이 전생이 존재한다는 증거라고 주장하고 있다. 이후 전생의 존재 유무에 관한 논란이 급격히 증가했으며, 분분한 논란 속에서 사람들은 인간 존재의 근원적 문제인 전생 유무로 혼란에 빠져 있다.

전생 기억에 관하여 의학계는 기억이 아니며 환상이라는 견해를 밝혀왔다. 최면에서의 전생 기억 생성의 기제를 알아보는 실험에서는 전생 기억 생성률이 최면감수성과 유의미한 상관관계가 있었다(변영돈 최면의학 홈페이지). 최면감수성이 높을수록, 즉 암시에 잘 반응할수록 최면 시 전생 기억 생성이 잘 되었다.

대부분의 전생치료 실시자들은 최면 기법을 적용하는 전생치료를 위해서는 자아가 건강하고 힘이 있어야 된다는 것이 선결 요건이라고 주장한다. 따라서 정신증이나 경계선 성격장애처럼 자아가 약한 사람들 또는 상징적인 자료들을 적절하게 조합시킬 능력이 없는 개인에게는 이 기법이 적합하지 않다. 또 전생치료는 죄의식이나 수치심에 대해 강박적인 사람과, 희생자의 역할을 연기할 필요가 있는 듯 보이는 사람들에게는 효과적이지 않다고 한다.

전생치료의 목표는 전생을 밝히는 것이 아니라 전생 시나리오를 이용해 현재의 문제를 해결하는 데 있다. 전생은 치료 과정의 일부에 불과하고 과거의 해명이 초점이 아니기 때문에 전생치료라는 용어가 잘못된 명칭이라는 주장도 있다. 어떤 전생치료자는 내담자의 이미지들을 사실이라고 여긴다. 그러나 꼭 사실이어야 할 필요는 없다고 보기도 하는데, 전생의 시나리오를 사실이라기보다는 은유로 보기 때문이다. 현재의 갈등에 대한 해결책을 이끌어내기 위해 이러한 이미지들을 이용하는 것이다.

전생치료는 다음과 같이 진행된다.

1) 완전한 심리적 과거력 얻어내기

이는 전생 시나리오들에서 나타나는 문제의 패턴과 현재의 어려움 사이의 관계를 이해하기 위해 불가피하다. 개인의 어린 시절에 대한 정보와 사랑, 성$_{sex}$, 금전, 권력, 영적 문제에 관한 현재의 태도에 대한 지식은 필수다. 병력은 저변에 깔려 있는 쟁점들을 명확히 밝혀주는 것을 도울 수도 있다. 내담자의 믿음이 전생 퇴행 유도에 영향을 미치기 때문에 이를 파악하는 것도 중요하다. 또 치료에 사용하는 언어와 은유를 내담자의 언어로 사용할 때 보통 더욱 편안함을 느낀다.

치료자는 매우 다양한 퇴행 유도 기법을 사용할 수 있다. 여기에는 꿈 작업, 호흡활동, 능동적 상상, 유도된 심상guided imagery 등이 포함된다. 목표는 매우 깊게 이완된 최면 상태다. 많은 기법에서 문, 통로, 운반기구, 계단, 터널 등 내담자를 다른 시대로 이끌어주는 촉매적 시각요소들을 이용한다. 퇴행 유도의 기술은 내담자의 기질과 사상체계에 부합하는 접근법을 발견해내는 것이다. 유도 자체가 변화된 의식 상태에 들어가는 출구가 될 수 있으며, 그렇게 되면 주요 과정 자료들이 떠오르는 것이 가능해진다.

한편, 모든 사람이 일종의 최면 상태에 들어가고 전생의 심상을 경험할 수 있는 것은 아니다. 바이스Weiss는 그의 대상자 중 약 60%가 전생 시나리오를 경험했다고 보고했다. 그렇다고 강제로 밀어붙이는 식으로 유도해서는 안 된다. 그럴수록 내담자는 이야기를 만들어내는 작화confabulation에 이를 수 있기 때문이다. 그러나 내담자가 성공적이고 자발적으로 변화된 의식 상태로 들어가게 되면 보통 몇몇 감각 측면과 연관되어 생생한 이미지를 경험하기 시작한다고 한다.

2) 탈동일시

전생 시나리오는 대개 내담자의 현재 개성과 극단적으로 반대되는 역할을 강조함으로써 탈동일시disidentification 과정을 육성한다. 예를 들어, 해리장애 내담자처럼 현실에서 자신을 피해자로 인식하는 사람은 가해자가 되는 전생 시나리오를 자주 갖는다. 전생 시나리오에서 희생자 대신 가해자로서의 삶을 경험함으로써, 그는 익숙한 역할로부터 탈동일화하게 되는 것이다. 이 밖에도 흔한 보상적 극단들로는 남/여, 권력/무력, 가치/무가치, 성적 학대/성적 무력, 오만/겸손 등을 들 수 있다.

여타 심리치료에서처럼, 전생치료에서도 빈번하게 저항이 일어난다고 한다. 이러한 저항들은 보통 그 사람이 실제 삶에서 펼치고 있는 대본을 방어한다. 예를 들어, 어떤 사람이 실제 삶에서 다른 사람들에게 분노하는 데 중점을 두는 대본에 사로잡혀 있다면, 전생 시나리오에서 용서나 연민을 경험하는 데 있어서 자주 저항을 보인다. 선택적인 자각 및 저항은 일상적인 의식상태와 변화된 의식상태 양쪽 모두와 모든 측면에서 발생한다.

전생 시나리오를 통해 다른 역할들을 수행하는 과정에서 피최면자는 역사적·사회적·문화적 요인이 현재의 삶에 있어서 자신의 역할을 어떻게 형성시켰는지 보기 시작한다.

3) 전생 시나리오와 현재 삶의 패턴의 통합

전생 시나리오에서 다양한 성격을 지배하고 있는 숨겨진 무의식적인 동기들을 발견해냄으로써 현재 삶의 패턴 사이의 통합을 이끌어낼 수 있다. 예를 들어, 어떤 사람은 전생 시나리오 속의 두 인물 사이의 은연중의 계약이나 서약을 발견해낼지도 모른다. 한 사람은 희생자, 다른 사람은 가해자가 되도록 말이다.

내담자는 어떻게 전생 시나리오 속의 인물들이 현재 삶에서 항상 실패할 수밖에 없도록 상황을 맞추어놓았는지를 발견해낼 수도 있다. 이러한 통찰은 쉽게 일상의 내담자에게로 자주 적용되고, 내담자가 무의식적인 동기를 지각하는 것을 촉진시킨다. 예를 들어, 어떤 사람은 자신이 관계 속에서 은연중의 계약을 어떻게 사용하는지와 이러한 계약이 실제 삶의 문제들을 어떻게 야기하는지에 대해 이해할 수도 있다. 이로써 내담자는 자신이 암묵적인 대본에 따라 무의식적인 수준에서 많은 결정을 내린다는 점을 깨닫기 시작하게 된다. 이러한 통찰은 내담자로 하여금 자신의 대본을 수정하도록 동기를 부여한다. 그리하여 전생 시나리오는 통찰과 변화를 이끌어내는 것이다.

대부분의 내담자는 자신의 삶의 틀을 짜고 있는 무의식적 요소들에 대한 높아진 자각을 통해 삶 속에서 의미에 대한 본래의 감각을 신뢰하기 시작한다. 이 감각은 종종 오래된 문제들에 대한 해결점을 제안하는 내면의 지혜를 찾는 형태를 취한다. 실제로 많은 전생 퇴행 치료자가 변화된 의식 상태의 내담자에게 "현재의 문제를 야기한 상황으로 가서 자신을 찾아보시오"라고 요구했을 경우 전생의 기억들과 연루되었음을 밝혔다.

그러한 순식간의 퇴행은 종종 먼 과거의 사건들에 관련되며, 놀랍도록 적절하다고 한다. 그래서 마치 내면의 지혜가 증상들의 원인과 기저의 역학, 해결 방안 등을 모색하는 작업이라도 벌인 듯이 보이기도 한다. 이처럼 즉각적인 문제해결적 현상은 고차원적인 자기higher self에 의한 것이라고 본다. 궁극적으로, 치료자의 임무는 내담자가 현 상황의 문제들과 전생 시나리오들이 관련되어 있음을 이해하고 그 시나리오들을 해체하거나 파괴하도록 돕는 것이다. 내담자는 전생의 심상과 현생의 상황들을 통합해나감에 따라 바르게 판단하고 현재에서 더욱 생생하게 사는 법을 터득한다. ◆

7. 해리장애와 나: 글을 마치며

해리성 정체감 장애가 어떻게 보면 매우 매혹적이고 흥미 있는 이야기처럼 읽힐 것이다. 그러나 정작 당사자는 자신이 누군지 모르겠고, 자기를 잃은 것 같은 공포와 고통을 경험하며, 사회적, 직업적 혹은 중요한 기능 영역에서 어려움을 겪는다. 피할 수 없는 어떤 괴로운 상황에서 '이 상황이 없었으면 좋겠다. 지금의 내가 내가 아니면 좋겠다'는 마음속 환상의 마법이 실제가 되고, 그 대가로 고통받는 것이 해리성 정체감 장애다. 외상 경험은 해리성 정체감 장애의 필요조건이지 충분조건은 아니다. 외상을 위로하고 진정시켜줄 수 있는 사람이 있다면 해리성 정체감 장애로 발전하지 않을 수 있다. 해리성 정체감 장애를 보면 인간의 마음이란 한 사람이 전혀 다른 사람이 될 수 있을 만큼 놀라운 힘을 가지고 있으며, 또 사랑과 안정을 주는 관계를 통해 외상의 상처를 극복할 수도 있다는

것을 알 수 있다. "나는 내가 누군지 모르겠어요." 여러 이름
을 사용하며 불법이민자로 살아가던 어느 영화 주인공의 대사
다. 이 시대의 여러 얼굴과 역할로 살아가는 사람들 모두에게
자기 마음을 알고 받아들여 다스리며 자기를 온전히 지키려는
노력은 역시 중요한 과제다. 어려움을 나누고 이제 그의 연인
이 된 영화 속 여주인공은 이렇게 답한다. "잊지 않게 내가 당
신의 이름을 크게 불러줄게요." ◆

참고문헌

Alloy, L. B. K., Acocella, J., & Bootzin, R. R. (1996). *Abnormal psychology* (7th ed.). New York: MacGraw-Hill.

APA (2013). *Diagnostic and Statistical Manual of Mental Disorders* (5th ed.). Washington, DC: APA.

Bernstein, E. M., & Putnam, F. W. (1986). Development, reliability and validity of a dissociation scale. *Journal of Nervous & Mental Disease, 174*(12), 727-735.

Gabbard, G. O. (2005) *Psychodynamic psychiatry in clinical practice.* Washington, DC: American Psychiatric Press.

Gullestad, S. E. (2005). Who is 'who' in dissociation? A plea for psychodynamics in time of trauma. *The International Journal of Psychoanalysis, 86*(3), 639-656.

Hilgard, E. R. (1974). Toward a neo-dissociation theory: Multiple cognitive controls in human functioning. *Perspectives in Biology and Medicine, 17*(3), 301-316.

Kluft, R. P. (1999). An overview of the psychotherapy of dissociative identity disorder. *American Journal of Psychotherapy, 53*(3), 289-319.

Lynn, S. J. (1994). *Dissociation: Clinical and theoretical perspectives.* New York: The Guilford Press.

Orbach, I. (1995). *The hidden mind: Psychology, psychotherapy, and unconscious process.* New York: John Wiley & Sons.

Reinders, A. A., Nijenhuis, E. R. Paans, A. M., Willemsen, A. T., & den Boer, J. A. (2003). One brain, two selves. *Neuroimage, 20*(4), 2119-2125.

Riley, K. C. (1988). Measurement of dissociation. *Journal of Nervous & Mental Disease, 176*, 449-450.

Ronald, W. J. (1996). Past-life therapy. In B. W. Scotton et al. (Eds.), *Textbook of transpersonal psychiatry and psychology.* New York: Basic Books.

Ross, C. A., Heber, S., Norton, G. R., Anderson, D., Anderson, G., & Barchet, P. (1989). The dissociative disorders interview schedule: A structured interview. *Dissociation, 2*, 169-189.

Sanders, S. (1986). The perceptual alteration scale: A scale measuring dissociation. *American Journal of Clinical Hypnosis, 29* (2), 95-102.

Schacter, D. L., Wang, P. L., Tulving, T., & Freedman, M. (1982). Functional retrograde amnesia: A quantitative case study. *Neuropsychologia, 20*, 523-532.

Scroppo, J. C., Drob, S. L., Weinberger, J. L., & Eagle, P. (1998). Identifying dissociative identity disorder: A self-report and projective study. *Journal of Abnormal Psychology, 107*(2), 272-284.

Singer, J. L. (1990). *Repression and dissociation: Implication for personalty theory, psychopathology, and health.* Chicago, IL: The University of Chicago Press.

Steinberg, M., Rounsaville, B., & Cicchetti, D. (1990). The structured clinical interview for DSM–III–R dissociative disorders: Preliminary report on a new diagnostic instrument. *American Journal of Psychiatry, 148*, 1050–1054.

Sutker, P. B., & Adams, H. E. (Eds.). (1993). *Comprehensive handbook of psychopathology* (2nd ed.). New York: Plenum Press.

김영우 최면의학연구소: www.hypnosis.doctor.co.kr

변영돈 최면의학: www.hypnosis.co.kr

찾아보기

《인 명》

《내 용》

◎ **저자 소개**

도상금(Sang-Keum Doh)
서울대학교 심리학과 대학원에서 임상심리학 전공으로 박사학위를 받았다.
임상심리전문가이며 정신보건임상심리사다. 한양대학교병원 임상심리 인
턴과정을 수료하고 대학 상담소에서 일했으며, 정신분석 심리치료에 관심
을 갖고 임상현장에서 일하고 있다. 우울증, 심리적 외상, 심리치료에 관한
논문 등을 썼으며, 대학에 출강하고 있다.

ABNORMAL PSYCHOLOGY 12

해리장애 '나'를 잃어버린 사람들
Dissociative Disorder

2000년 11월 25일 1판 1쇄 발행
2013년 1월 25일 1판 4쇄 발행
2016년 10월 25일 2판 1쇄 발행
2021년 3월 25일 2판 2쇄 발행

지은이 • 도상금
펴낸이 • 김진환
펴낸곳 • (주) **학지사**

04031 서울특별시 마포구 양화로 15길 20 마인드월드빌딩
대표전화 • 02)330-5114   팩스 • 02)324-2345
등록번호 • 제313-2006-000265호

홈페이지 • http://www.hakjisa.co.kr
페이스북 • https://www.facebook.com/hakjisabook

ISBN 978-89-997-1012-4 94180
     978-89-997-1000-1(set)

정가 9,500원

이 도서의 국립중앙도서관 출판시도서목록(CIP)은 서지정보유통지원시스템 홈페이지(http://seoji.nl.go.kr)와 국가자료공동목록시스템(http://www.nl.go.kr/kolisnet)에서 이용하실 수 있습니다.
(CIP 제어번호: CIP2016024027)

출판 · 교육 · 미디어기업 학지사

간호보건의학출판 **학지사메디컬** www.hakjisamd.co.kr
심리검사연구소 **인싸이트** www.inpsyt.co.kr
학술논문서비스 **뉴논문** www.newnonmun.com
원격교육연수원 **카운피아** www.counpia.com